Bochumer anglistische Studien

Bochum Studies in English

herausgegeben von

Ulrich Suerbaum

Band 2

Von der 'Store Front Church' zum 'American Dream'

James Baldwin und der amerikanische Rassenkonflikt

Peter Bruck

Verlag B. R. Grüner
Amsterdam 1975

ISBN 90 6032 056 5

VORWORT

Wer sich mit einem zeitgenössischen, zumal noch sehr produktiven Autor auseinandersetzt - Baldwin arbeitet bereits an seinem nächsten Roman - sieht sich mit dem Problem konfrontiert, daß seine Untersuchungen nur allzu leicht den Charakter der Vorläufigkeit tragen oder aber durch weitere Publikationen des Autors schnell überholt werden können. Um diesem Dilemma einigermaßen entgehen zu können, wurde die vorliegende Studie bewußt als literarkritischer Essay konzipiert, der sich schwerpunktmäßig um Interpretationen der Aussagen Baldwins zum Rassenkonflikt bemüht und deren fiktionale Umsetzung mit den Mitteln des literarischen Erzählens und im Rahmen der amerikanischen Literaturtradition zu analysieren versucht. Daß dabei auf kritische Stellungnahmen, die sich im wesentlichen auf die Tragfähigkeit und Grenzen der gewählten Erzählkonstruktionen beziehen, nicht verzichtet wird, scheint mir ebenso sehr durch die Form des Essay legitimiert zu sein wie auch das 'offene' Ende dieser Studie, die mit einem Ausblick auf Baldwins nächstes Romanprojekt abschließt.

Für die kritische Durchsicht des Manuskriptes und wertvolle Stilkritik habe ich Sabine Damm und Wolf Völker zu danken. Uwe Kammann bin ich für zahllose fruchtbare Gespräche freundschaftlich verpflichtet. Professor Dr. Galloway begleitete die Arbeit mit wertvollen Hinweisen und kritischen Anregungen. Professor Dr. Suerbaum gilt mein Dank für die Aufnahme dieser Studie in die vorliegende Reihe.

Bochum, im Juni 1975.

P.B.

INHALTSVERZEICHNIS

- I. Einleitung: Literatur und Rassenkonflikt 1
- II. Baldwins Position in der Auseinandersetzung der Rassenfrage 5
  - 1. Identitätsproblematik als Grundlage schwarzer Existenzweise 7
  - 2. Die Auseinandersetzung mit Richard Wright...... 10
  - 3. Cleaver und LeRoi Jones: die Konzeption der Négritude 13
  - 4. Grundzüge des Baldwinschen Standpunktes in der Rassenfrage 16
  - 4.1. Der Rassenkonflikt als Problem der Weißen ... 16
  - 4.2. Die Konzeption der aktiven Nächstenliebe 19
- III. Von der 'store front church' zum 'American Dream'. 24
  - A. Reflexion über die Geschichte des Negers: Go Tell It on the Mountain 24
    - 1. Zum Verhältnis von Identität und Geschichte ... 25
    - 2. Geschichte als erlebte Gefangenschaft 28
    - 3. Möglichkeiten der Identitätsfindung 32
  - B. Der Homosexuelle als 'weißer Neger': Giovanni's Room 36
    - 1. Erzählsituation und literarische Grundstrukturen 38
    - 2. Der Homosexuelle als 'weißer Neger' 41
    - 3. Der archetypische Topos der Männerfreundschaft--das Scheitern von David und Giovanni .. 44
  - C. Homosexualität als symbolische Gegenwelt: Another Country 47
    - 1. Die Bedeutung der Erzählstruktur für den Romaninhalt 48
    - 1.1. Das Verhältnis des Erzählers zu den Romanfiguren 50
    - 2. Die Welt der zwischenrassischen Beziehungen ... 55
    - 2.1. Das Scheitern von Rufus und Leona 55
    - 2.2. Die Schwarze als Ausbilderin: Ida und Vivaldo 64
    - 3. Homosexualität als symbolische Gegenwelt zum weißen Amerika 68

- D. Der Zusammenstoß der beiden Rassen: <u>Blues for Mister Charlie</u> 74
  - 1. Die Entfaltung der dramatischen Struktur 75
  - 2. Die Welt der zwischenrassischen Beziehungen als Gruppenphänomen 77
  - 2.1. Die schwarze Bühnengesellschaft 78
  - 2.11. Der Bürgerrechtler Meridian 78
  - 2.12. Richard als Protestfigur 82
  - 2.2. Die weiße Bühnengesellschaft 87
  - 2.21. Die Gruppe der Rassisten 87
  - 2.22. Die Rolle des weißen Liberalen 89
  - 3. Die Gerichtsszene 91
- E. Die Welt als Bühne: <u>Tell Me How Long the Train's Been Gone</u> 95
  - 1. Erzählsituation und literarische Grundstrukturen 96
  - 2. Die Bedeutung der Schauspielerrolle 99
  - 3. Die Welt der zwischenrassischen Beziehungen: die Idylle von Barbara und Leo 104
  - 4. Leos Position in der Auseinandersetzung des Rassenkonfliktes 108
- IV. Zusammenfassung: Formen der Handlungsanweisung: Politische Aktivierung vs. Liebesethik--John A. Williams und James Baldwin 113
- Anmerkungen 125
- Abkürzungsverzeichnis 136
- Literaturverzeichnis 137
- Summary... 142

I. Einleitung: Literatur und Rassenkonflikt

Seit der großen Auseinandersetzung über die Richtung des Rassenkampfes, die zwischen Booker T. Washington und W.E.B. DuBois um die Jahrhundertwende stattfand, lassen sich die rassenpolitischen Strömungen in den Vereinigten Staaten in zwei grundsätzlich verschiedene Richtungen einteilen. Diese historische Gegensätzlichkeit ist seitdem wesensbestimmend für alle nachfolgenden Bewegungen geworden: "characteristic of all Negro movements and groups, expecially in the cultural field, there existed ideological conflict over integration versus ethnic group identity."[1]

Zwar hat sich die alte Dichotomie von Assimilation vs. Eigenbestimmung in Richtung auf das Gegensatzpaar gewaltfreie Integration vs. einer schwarz nationalistischen, die Négritude und das kulturelle Erbe betonenden Haltung geändert, doch ist das grundsätzliche Problem in seinem Kern noch genau so, wie es DuBois bereits 1903 beschrieb: "One ever feels his twoness--an American, a Negro; two souls, two thoughts, two unreconciled strivings; ... The history of the American Negro is the history of this strife--this longing to attain self-conscious manhood, to merge his double self into a better and truer self."[2]

Diese inhärente Ambivalenz in der Existenzweise des amerikanischen Negers findet dann auch ihren Niederschlag in der schwarzen Literatur, die "im Grunde seit ihrer Entstehung antithetischen Charakter hatte, denn zu jeder Zeit ließen sich engagierte Kämpfer und duldende Künder der Bedrängnis gegenüberstellen."[3]

Dieser Dualismus, der das Spezifikum jeglicher Minoritätsliteratur auszumachen scheint,[4] gibt gewissermaßen den Rahmen vor, innerhalb dessen die literarischen Ausdrucks- und Gestaltungsmöglichkeiten des einzelnen Autors liegen. Gleichzeitig verdeutlicht dieser Rahmen durch seine beiden Endstellen auch die rassenpolitischen Orientierungspunkte, die den Normen- und Werthorizont der einzelnen literarischen Werke sowie deren intendierte Leserschaft abstecken. Dieser Sachzusammenhang deutet an, daß aufgrund der rassenpolitisch vorgegebenen Situation die literarische Ausgangslage für den Schwarzen grundverschieden im Vergleich zu der des Weißen war. Für diesen nämlich brachte es, zumindest in historischer Perspektive, der allgemeine Glaube an eine zeitlose und unveränderliche Harmonie und an die Vervollkommnung des Menschen mit sich, daß seine spezifische Rolle <u>nicht</u> die eines gesellschaftlichen Analytikers wurde ("there was no place for the novelist in this Eden"[5]). Zwar hat sich insbesondere im 20. Jahrhundert der ("weiße") amerikanische Autor zusehends mit dem Zerfall des 'American Dream' auseinandergesetzt, doch kennzeichnet auch diese Beschäftigung lediglich die besondere Rollenzuweisung weißer Autoren: "Our major novelists ... are public philosophers and theologians who continually test the national faith in an American Adam living in a New World against their experience with the human situation."[6]

Als Angehöriger einer unterdrückten Minderheit, die an der Partizipation an jenem 'American Dream' ausgeschlossen war-- "he [the Negro] constantly lives the dream's negation"[7]--, bestanden für den schwarzen Schriftsteller ursprünglich lediglich zwei Möglichkeiten. Entweder er protestierte gegen diesen Ausschluß, wie es beispielhaft in Wrights <u>Native Son</u> vorgeführt wird, oder aber er versuchte die Armseligkeit der schwarzen Lebenswelt dergestalt darzustellen, daß die Erweckung von Sympathie seitens der Weißen zu erwarten war. In beiden Fällen handelte es sich dabei um einen intendierten weißen Leserkreis, der aufgrund seiner Adressatenrolle die rassenpolitische Ausrichtung der einzelnen Werke sozusagen vorherbestimmte.

Erst im Zuge der politischen Bewegungen der 60er Jahre entwickelte sich auch innerhalb der Literatur ein neues Normen-

und Wertgefüge, das in dem Schlagwort 'black aesthetic' zusammengefaßt worden ist und das von dem Schriftsteller ausschließlich die Darbietung des schwarzen Lebensbereiches fordert: "On the one hand, the Afro-American novelist can create his models from the content of the value system basic to the Black American social group. ... On the other hand, the Afro-American novelist can create his models from the formal symbols and modes of expression derived from the culture of the Black American."[8] Die Literatur soll nach den Vorstellungen der Vertreter der 'black aesthetic' ausnahmslos rassenbezogen sein und die Entwicklung eines unabhängigen schwarzen Kulturbewußtseins fördern: "The problem of the de-Americanization of black people lies at the heart of the Black Aesthetic."[9]

Der Forderung nach einer didaktisierten, nur schwarzes Kultur- und Gedankengut verarbeitenden Literatur entspricht auf der Ebene literaturwissenschaftlicher Kritik ein Bewertungsverfahren, das seine Maßstäbe ausschließlich aus inhaltlichen Gesichtspunkten gewinnt: "Criticism of 'forms' is inadequate as an approach to black literature. ... The technical framework is only a functional medium, and certainly has no more important a place in the overall achievement than the subject dealt with."[10] Eine derartig inhaltsorientierte Vorgehensweise, die zudem noch vorgibt, daß literarisch-ästhetische Maßstäbe der Bewertung unzureichend oder gar nicht anwendbar seien, degeneriert sich hingegen selbst zu einem emotionalisierten, nationalistisch gefärbten kulturellen Kritizismus, der nicht nur die jeweils spezifische Literaturhaftigkeit des einzelnen fiktionalen Werkes leugnet, sondern auch einer grundsätzlichen Erörterung der Angemessenheit bzw. Unangemessenheit von theoretischen Bezugsrahmen und Wertmaßstäben für die schwarze Literatur von vornherein die Tür verschließt. Die Vorstellung der 'black aesthetic' stellt sich bislang so als ein undifferenziertes, inhaltlich nicht ausgefülltes theoretisches Konstrukt dar, das über die Betonung eines besonderen schwarzen Kulturbewußtseins offensichtlich noch nicht hinausgekommen ist.[11]

Andererseits weist die in der zeitgenössischen schwarzen Literatur anzutreffende Tendenz, die besondere Lebenswelt des Schwarzen zu betonen--"Contemporary Black writers are turning their attention inward, seeking to identify the tradition of Black people, to explore their experiences, to define themselves and their people in images which grow out of their individual quests and group explorations. Rather than seeking entree into the mainstream of American writing, these writers have turned their attention to discovering and exploring, perhaps defining, the indigenous currents of Black experiences"[12] --auf den inhärent politischen Charakter dieser Literatur hin, die immer zugleich Ausdruck einer durch den Rassenkonflikt weitgehend bestimmten Lebenswelt ist: "The main current in Black literature had always been political; Black literature had been created to serve various social and/or political aims in a fortright and, at times, unadorned manner."[13]

Die Feststellung der politischen Grundhaltung schwarzer Literatur schließt dabei keineswegs eine Gleichsetzung derselben mit der rassisch vorgeprägten Wirklichkeit ein. Das politische Potential der Literatur äußert sich aufgrund der die Kunst von der Wirklichkeit absetzenden Differenzqualität vielmehr in einer individuellen ästhetischen Form, "in der der politische Inhalt metapolitisch wird."[14]

Dieser Verweis auf die innerliterarische Dimension läßt es angebracht erscheinen, der Frage nach dem Verhältnis von Literatur und Rassenkonflikt auf einer zweifachen Ebene nachzugehen. Eine Erörterung der jeweiligen Handlungsmöglichkeiten der schwarzen Protagonisten vermag Auskunft darüber zu geben, welche Existenzmöglichkeiten der Autor dem Schwarzen innerhalb der Gesellschaft zuweist. Die Verwendung klassischer Motive der amerikanischen Literaturgeschichte deutet dann zusammen mit einer Bestimmung der intendierten Leserschaft abschließend darauf hin, welche schriftstellerische Rollenzuweisung James Baldwin für sich selbst in Betracht gezogen hat.

II. Baldwins Position in der Auseinandersetzung des Rassenkonflikts

Die in Ralph Ellisons Roman <u>Invisible Man</u> angesprochene Unsichtbarkeit des schwarzen Amerikaners durchzieht leitmotivisch auch das essayistische Schaffen von James Baldwin. Die in diesem metaphorischen Titelverweis zum Ausdruck kommende Identitätsproblematik des Schwarzen bildet den thematischen wie persönlichen Hintergrund der einzelnen Beiträge und verleiht ihnen insbesondere in formal-ästhetischer Sicht ihre Eigentümlichkeit. Das Problem der eigenen Identität,[1] welches die ständige Reflexion aus dem eigenen Lebenszusammenhang heraus initiiert, bildet den übergreifenden Bezugsrahmen, von dem aus die Auseinandersetzung mit dem eigenen Ich und der Umwelt geführt wird. Aus der stetigen Konfrontation mit der rassenpolitischen Wirklichkeit entsteht so nicht nur eine fortwährende persönliche Unsicherheit sondern gleichzeitig eine laufende Beschäftigung mit jenen alltäglichen und gesamtgesellschaftlichen Ereignissen, die die eigene Existenzweise beanspruchen. Diese Darstellungsweise macht deutlich, daß der Ausgangspunkt der essayistischen Betrachtungen in der autobiographischen Erlebniswelt des Autors liegt: "In the essays, he [Baldwin] creates character, a series of images of himself."[2]

Die Darbietung bleibt jedoch nicht auf den persönlichen Bereich beschränkt. Vielmehr zeigt die Erörterungsweise stets den Versuch, durch eine Reflexion über die persönliche Eindruckswelt die Ebene der rein privaten Sphäre zu verlassen und in den sozialen Bereich vorzustoßen. In diesem Sinne stellen die einzelnen Beiträge eine Mischung von biographischem und kulturkritischem Essay dar,[3] da der persönliche Bereich als rassenpolitisches Indiz genommen wird und reflektierend erörtert wird. Unter formalem Gesichtspunkt weist die Darbietungsweise so eine enge Verwandtschaft zu Cleavers <u>Soul on Ice</u> und zur Autobiographie von Malcolm X auf und unterstreicht den <u>Bekenntnischarakter</u> vieler historischer wie zeitgenössischer schwarzer Schriften.

T.W. Adorno hat nun darauf hingewiesen, daß eine der wesentlichsten formalen Grundlagen des Essay darin besteht, daß er "nicht der Spielregel organisierter Wissenschaft und Theorie pariert" und demzufolge "nicht auf geschlossenen, deduktiven oder induktiven Aufbau zielt".[4] Das gewissermaßen gattungsbedingte "emphatische Arbeiten an der Form der Darstellung", die in dem "Bewußtsein der Nichtidentität von Darstellung und Sache besteht"[5] bedeutet deshalb dann auch nicht etwa eine "gewisse Theoriefeindlichkeit, die durch politisch-soziales Disengagement und durch Irrationalismus gekennzeichnet ist",[6] sondern betont stattdessen wegen der Prosaform eher die enge Verwandtschaft mit der Erzählung.

Die Negation einer Systematik, die das Ableiten aus einer Theorie verbietet, weist auf die prinzipielle Offenheit des Essays hin. "Die Gültigkeit eines Essays bedeutet deshalb--in Thematik wie in Aussage--nie seine Endgültigkeit, sondern schließt diese geradezu aus".[7] Hinter dieser wesensgemäßen Unabgeschlossenheit und Vorläufigkeit steht sozusagen "unsichtbar die Form des Dialogs"[8] mit dem Leser. Das hiermit verknüpfte Prinzip der Aussparung, das den einzelnen Beiträgen den Charakter eines <u>abgebrochenen Argumentes</u> verleiht,[9] erfährt dabei lediglich durch den stetigen Rückgriff auf die persönliche Identitätsproblematik einen übergeordneten Bezugspunkt, der eine Einordnung der einzelnen Essaybände unter diesen Gesamtrahmen gestattet. Damit wird es gleichzeitig möglich, das essayistische Werk unter thematischen Gesichtspunkten zu behandeln, ohne daß dabei die durch die chronologische Abfolge der einzelnen Beiträge bedingten inhaltlichen Entwicklungen bzw. Standpunktdifferenzierungen unberücksichtigt blieben.

Innerhalb dieses Rahmens lassen sich die bisherigen vier
Essaybände als Stationen einer Identitätssuche auffassen, die
von der Auseinandersetzung mit den Ursprüngen und Bedingungen
des Negerdaseins in Notes of a Native Son über die Anerkennung
einer amerikanischen Identität in Nobody Knows My Name und der
Propagierung einer säkularisierten Liebesethik als Lösungsmöglichkeit von Identitätsproblemen in The Fire Next Time hin-
führt zu einer erneuten Verunsicherung der eigenen Position,
so wie sie in dem metaphorischen Titel des bislang letzten
Bandes No Name in the Street angesprochen ist.

1. Identitätsproblematik als Grundlage schwarzer Existenzweise

In seinem autobiographischen Essay "Notes of a Native Son"
schildert Baldwin die psychischen Auswirkungen, die die rassische Diskriminierung auf das Lebensgefühl des Schwarzen hat:

> I first contracted some dread, chronic disease, the
> unfailing symptom of which is a kind of blind fever,
> a pounding in the skull and fire in the bowels. Once
> this disease is contracted, one can never be really
> carefree again, for the fever, without an instant's
> warning can recur at any moment. It can wreck more
> important things than race relations. There is not a
> Negro alive who does not have this rage in his blood--
> one has the choice, merely, of living with it, conscious-
> ly or surrendering to it. As for me, this fever has re-
> curred in me, and does, and will until the day I die. (NNS 79)

Die Metapher der "chronischen Krankheit" steht hier stellvertretend für all die Mechanismen, die auf den Schwarzen einwirken
und seine Psyche deformieren. Insbesondere der Begriff des Fie-
bers verweist auf unterschwelligen Haß und aufbegehrenden Zorn.
Doch anders als zahlreiche Vertreter zeitgenössischer politischer Bewegungen läßt sich Baldwin nicht von dem Fieber des
latenten Hasses beherrschen, denn für ihn ist ein derartiges
Sichüberlassen gleichbedeutend mit der eigenen psychischen
Selbstzerstörung: "My real life was in danger, and not from
anything other people might do but from the hatred I carried

in my own heart." (NNS 81)

Anhand des nachfolgenden Begriffspaares wird die scheinbare Ausweglosigkeit, in der sich der heranwachsende Schwarze befindet, besonders deutlich: "One is always in the position of having to decide between amputation and gangrene." (NNS 94)[10] Die beiden Metaphern "Amputation" und "Fäulnis" verweisen jeweils auf mögliche Lebenseinstellungen hin. "Amputation" erinnert dabei nicht zuletzt an Wrights Protagonisten Bigger Thomas und verweist auf die Kastrationsangst des Schwarzen. Die Metapher der Fäulnis andererseits deutet auf jene Form der inneren Zersetzung hin, die Rufus, den Protagonisten aus Another Country, schließlich in den Freitod treiben sollte.

Im Blick auf den Prozeß der Identitätsbildung tritt dieser Sachverhalt prägnant hervor. Berücksichtigt man in diesem Zusammenhang den dialektischen Charakter des Identitätserwerbs-- "Identität ist objektiv als Ort in einer bestimmten Welt gegeben, kann aber subjektiv nur zusammen mit dieser Welt erworben werden"[11]--, dann wird deutlich, wie sehr die Ichfindung des Schwarzen immer schon durch den Horizont des Rassenkonflikts mitbestimmt ist. Gerade aus dem Wechselspiel von objektiv vorgegebener sozialer Ächtung und individueller Aneignung der so geprägten Welt erwächst häufig jenes Ohnmachtsgefühl, das oft nicht nur einen Entwicklungsprozeß überhaupt verhindert, sondern den Schwarzen in der Regel die eigene rassische Zugehörigkeit als Makel empfinden läßt. Kompensationen dieses Gefühls stellen dann beispielsweise die unkontrollierten Haß- und Gewaltausbrüche dar, wie sie Wright in der Person Bigger Thomas vorführte, oder aber auch Baldwins eigene Entscheidung, Ende der 40er Jahre für längere Zeit nach Frankreich auszuwandern, um dort der Negativität von "Amputation" und "Fäulnis" zunächst entgehen zu können.

Diese Übersiedlung war jedoch nicht nur eine Flucht vor der rassenpolitisch bedrückenden Wirklichkeit. Ganz im Sinne

des Jamesschen Muster[12] wird der Europaaufenthalt für ihn zu
einer Art Lehrstück, da durch den Kontakt mit der europäischen
Kultur nicht nur das spezifisch Amerikanische der eigenen
Identität deutlich wird, sondern gleichzeitig auch ein Reife-
und Erkenntnisprozeß einsetzt.

Diese Nachahmung eines alten literarischen und kultur-
historischen Topos der amerikanischen Geschichte, der im Blick
auf das fiktionale Werk seinen Niederschlag in <u>Giovanni's Room</u>
und <u>Another Country</u> findet, deutet zugleich an, daß Baldwin
nicht nur literarhistorisch sondern gleichfalls in der Form
der eigenen Lebensführung durchaus in einer typisch ("weißen")
amerikanischen Literaturtradition steht.

Der angesprochene Hintergrund zeigt sich vor allem in dem
Essay "The Discovery of What It Means to Be an American" sowie
in der Auseinandersetzung mit den Négritudekonzeptionen afri-
kanischer Künstler und Kulturpolitiker anläßlich der 'Conference
of Negro-African Writers and Artists' 1956 in Paris. So führte
der langjährige Frankreichaufenthalt nicht nur dazu, daß zum
erstenmal das Stigma des Negerdaseins ohne Bedeutung war, sondern vor allem auch zu der Entdeckung einer nationalen, unabhängig von der Hautfarbe existierenden Identität: "In my necessity to find the terms on which my experience could be related
to that of others, Negroes and whites, writers and non-writers,
I proved to be as American as any Texas G.I." (NKN 17) Die Annahme dieser Einsicht bedeutet gleichzeitig eine geistige Befreiung ("I was released from the illusion that I hated America"
--NKN 19) und kennzeichnet die individuelle Überwindung jenes
Dilemmas, das in dem anschaulichen Metaphernpaar "Amputation"
und "Fäulnis" zum Ausdruck kommt. Der Europaaufenthalt wird so
fast in Analogie zu Henry James' Protagonisten zu einer Lehr-
und Vorbereitungszeit, die erst die Auseinandersetzung mit der
eigenen Identität ermöglicht: "if he has been preparing himself
for anything in Europe, he has preparing himself for--America.

In short, the freedom that the American writer finds in Europe brings him, full circle, back to himself, with the responsibility for his development where it always was: in his own hands. ... He may leave the group that produced him--he may be forced to--but nothing will efface his origins, the marks of which he carries with him everywhere. ... On this acceptance, literally, the life of a writer depends." (NKN 22)

Am Ende jener Emigrationszeit steht die für Baldwin so entscheidende Erkenntnis, daß es trotz aller Gruppenzugehörigkeit und trotz einer nationalen Identität, die diese Gruppenzugehörigkeit überlagert, die Aufgabe des Einzelnen ist, seine eigene Identität innerhalb des vorgezeichneten Rahmens frei von ethnischen Belangen zu verwirklichen. Diese Betonung der individuellen Komponente noch vor der rassischen Zugehörigkeit hebt ihn damit grundsätzlich von allen Négritudekonzeptionen ab, die eine gemeinsame Grundlage aller schwarzer Kunst propagieren. Im Gegensatz zu Senghor etwa, der auf jener schwarz-afrikanischen Schriftstellerkonferenz Wrights Autobiographie <u>Black Boy</u> als schwarz-afrikanisches Erbe auszudeuten versucht, unterstreicht Baldwin den individuellen und typisch amerikanischen Charakter dieses Werkes.[13] Der Rückgriff auf das spezifisch Individuelle und auf das spezifisch Amerikanische vor dem Rassischen macht zugleich in eben dieser Reihenfolge die grundlegenden Merkmale deutlich, die Baldwin zunächst von Richard Wright und dann auch von zeitgenössischen schwarz-nationalistischen Autoren wie Cleaver und LeRoi Jones unterscheiden.

2. Die Auseinandersetzung mit Richard Wright

Neben dem Europaaufenthalt und der damit verbundenen Entdeckung einer amerikanischen Identität bildet die Auseinandersetzung mit dem literarischen Schaffen von Richard Wright die zweite entscheidende Grundlage in der schriftstellerischen Entwicklung von James Baldwin.

Die Beziehung der beiden, die sich zunächst als ein geistiges Vater-Sohn Verhältnis, aus dem sich Baldwin zu befreien sucht, darstellt, kommt besonders in seinem literarischen Nachruf auf Wright zum Ausdruck: "His work was an immense liberation and revelation for me. He became my ally and my witness, and alas! my father." (NKN 153) Doch für Baldwins Naturell, das viel differenzierter war als Wrights Persönlichkeit, dessen Mentalität weitgehend durch die sozialen Probleme der 30er Jahre und seine bitteren Erfahrungen in den Südstaaten geformt war, mußte die Literatur des Protests und der Anklage ein Hemmschuh sein: "His work was a road-block in my road, the sphinx, really whose riddles I had to answer before I could become myself." (NKN 157)

War so zunächst das psychologische Verhältnis zwischen den beiden der auslösende Faktor in Baldwins Bestreben, durch eine Überwindung des Wrightschen Kunstverständnisses zu einer eigenständigen Position zu gelangen, so entwickelte sich hieraus schon bald eine tiefergehende Kontroverse über die Ziele und Aufgaben der Literatur.

In seinem Artikel "Blueprint for Negro Writing" hatte Wright bereits 1937 die Zweckgebundenheit aller Literatur betont: "Negro writers must accept the nationalist implications of their lives ... in order to change and transcend them. ... And a nationalist spirit in Negro writing means a nationalism carrying the highest possible pitch of social consciousness."[14] Gegen diese zweckhafte Ausrichtung der Literatur auf den Rassenkonflikt sowie gegen die Konzeption von Wrights Hauptprotagonisten Bigger Thomas als sozialer Protestheld wendet sich Baldwin in seinen beiden Artikeln "Everybody's Protest Novel" und "Many Thousands Gone." Für ihn bilden nämlich die Darstellung des Helden als Klassensymbol sowie dessen soziale Beziehungslosigkeit die Hauptschwäche des Romans: "A necessary dimension

has been cut away: this dimension being the relationship that
Negroes bear to one another, that depth of involvement and
unspoken recognition of shared experience which creates a way
of life. What the novel reflects--and at no point interprets--
is the isolation of the Negro within his own group and the
resulting fury of impatient scorn." (NNS 28) Das Unvermögen,
die Tradition und Lebensweise der Schwarzen literarisch zu gestalten, entspringt Baldwin zufolge den Darstellungsprinzipien
des Protestromans, dessen aufklärerische Intention durch die
Darbietungsart hingegen gewissermaßen sich selbst falsifiziert,
denn "Native Son finds itself at length so trapped by the
American image of Negro life and by the American necessity to
find the ray of hope that it cannot pursue its own implications."
(NNS 32)

Die Kritik an Wright orientiert sich sowohl an ästhetisch-literarischen wie an rassenpolitischen Gesichtspunkten. Unter
ersterem Aspekt wird der Protestroman mit seinen naturalistischen Implikationen verworfen, da er eine Einengung des Darstellungsbereiches mit sich bringt und den Romanprotagonisten
zu einem bloßen Sozialsymbol reduziert. Die rassenpolitische
Aussage von Native Son, die auf eine Auflehnung des Schwarzen,
in der erst Lebenssinn und Identität zu finden sind, abzielt,
bedeutet für Baldwin einen Akt der "Amputation". Seine Charakterisierung des schwarzen Lebensgefühls macht in der Konsequenz,
die er daraus zieht, den entscheidenden Unterschied zu Wright
deutlich: "To be a Negro in this country and to be relatively
conscious, is to be in a rage almost all the time. So that the
first problem is how to control that rage so that it won't
destroy you."[15]

Während Bigger Thomas die aufgestauten Leidenschaften
von Haß und aufbegehrendem Zorn bis zur letzten Konsequenz
auslebt, konzipiert Baldwin, abgesehen von seinem Schauspiel
Blues for Mister Charlie ausschließlich Figuren, die diese

psychische Disposition durch Liebe zu transzendieren suchen und die im Falle eines Scheiterns nur noch zu einem Akt gegen sich selbst, so wie ihn etwa Rufus in <u>Another Country</u> vollzieht, fähig sind. Die mit der Aufgabe einer gesellschaftlichen Auflehnung verbundene Wende nach Innen, die eine Kontrolle und Verarbeitung jenes Gefühlsspektrums anstrebt, hebt den Unterschied zu Wright deutlich hervor. Denn während jener sich dem angesprochenen Lebensgefühl unterwirft und seine Literatur "out of the rage itself, brutal, pure, violent and unconstrained" entwickelte,[16] versucht Baldwin diese Emotionen literarisch zu analysieren und zu verarbeiten.

Diese Wende nach innen, die die einzige Lösungsmöglichkeit des Oppositionspaares "Amputation" und "Fäulnis" in dem Akt zwischenmenschlicher Liebe sieht, kennzeichnet in hervorstechender Weise die individualistische Position des Autors und negiert damit zugleich jenen politischen Auftrag der Literatur, den der schwarze Nationalist Cleaver zur Grundlage seiner Baldwinkritik macht und die gleichzeitig auch den literarischen Konzeptionen eines LeRoi Jones zugrunde liegen.

3. Cleaver und LeRoi Jones: die Konzeption der Négritude

Die individual-ästhetisch und humanistisch ausgeprägte Position Baldwins erfuhr in der zweiten Hälfte der 60er Jahre im Zuge der immer mehr an Einfluß gewinnenden Black-Power Bewegung besonders durch Eldridge Cleaver schwarfe Kritik. In Baldwins Ablehnung einer reinen Négritude sowie in dessen schriftstellerischem Selbstverständnis--"I wanted to prevent myself from becoming <u>merely</u> a Negro; or, even merely a Negro writer. I wanted to find out in what way the <u>specialness</u> of my experience could be made to connect me with other people instead of dividing me from them." (NKN 17)--erblickt Cleaver vor allem eine Verdrängung des eigentlich afrikanischen Ursprungs der Kunst, die für ihn gleichbedeutend ist mit fehlender rassischer Identität: "There is in James Baldwin's work the most grueling, agonizing, total hatred of the blacks, particulary of himself. ... The racial deathwish is manifested as the driving force in James Baldwin. His hatred for blacks, even as he pleads what he conceives as their cause, makes him the apotheosis of the dilemma in the ethos of the black bourgeoisie who have completely rejected their African heritage, consider the loss irrevocable, and refuse to look again in that direction."[17]

In dem Vorwurf des "rassischen Todeswunsches" offenbart sich Cleavers eigene, betont schwarz nationalistische Einstellung, derzufolge die literarischen Betrachtungen des Schwarzen zuallererst die eigene rassenpolitische Situation zu beschreiben und in ihren Wirkungszusammenhängen aufzudecken haben. Die Kritik an Baldwin wird so zu einer umgekehrten Wiederholung der Auseinandersetzung, die jener mit Wright über die Zweckgebundenheit der Kunst führte.

Hinter diesem Konflikt verbirgt sich nicht nur eine grundsätzliche Unterschiedlichkeit der Standpunkte hinsichtlich der Mittel schwarzer Rassenpolitik, sondern auch und vor allem eine tiefergehende Kontroverse über die Rolle, die hierbei die Literatur spielen soll. Baldwins Betonung der "Besonderheit der eigenen Erfahrung" unterstreicht seinen individualistischen Anspruch, Lösungsmöglichkeiten allein im Individuum zu suchen. Literarisch-ästhetisch bedeutet dies nicht nur die Ablehnung einer Négritudekonzeption sondern zugleich auch die Zurückweisung jeglicher literarischer Formen, die, wie etwa der naturalistisch ausgerichtete Protestroman, das Individuum als abhängig von außerindividuellen Faktoren begreifen.

Dieser individualistischen Kunst- und Lebensauffassung stellt insbesondere der schwarze Dramatiker LeRoi Jones die Forderung nach einer Verbindung von Negerdasein als seelisch-emotionaler Erfahrung und Negerkunst entgegen. Diese Verbindung der Existenz mit der Kunst sieht Jones in der Konzeption der Négritude, in der Ausprägung eines nationalen Kulturbewußtseins, gegeben. Die literarische Realisation eines derartigen Bewußtseins ist für ihn dabei gleichbedeutend damit, daß "ich mir über den Rassenkampf Sorgen machen muß," während "Baldwin ihn zu vergessen sucht und Individuum zu sein wünscht."[18]

Die Sorge um den Rassenkampf hat Jones zufolge die schwarze Literatur wachzuhalten und zu reflektieren, damit sich jenes schwarze Kulturbewußtsein entwickelt, in dem er erst "die Lösung der Probleme des schwarzen Mannes"[19] sieht. Aus der Auffassung, die Rasse und Gefühl gleichsetzt,[20] entspringen dann die Forderung nach einem revolutionären schwarzen Theater sowie nach einer Ausdruckssprache, die bewußt jenes Gefühl rassischer Zugehörigkeit syntaktisch-semantisch verarbeitet und so gewissermaßen innerliterarisch das Negerdasein als emotionale Erfahrung zum Ausdruck bringt. Diesem instrumentalistischem Verständnis, das sich ausschließlich an eine schwarze Leserschaft richtet, hat sich insbesondere die Kunst unterzuordnen: "Schwarze Künstler müssen eine Vorstellung von der schwarzen Empfindsamkeit in diesem Land haben. ... Der schwarze Mann muß Schwarzheit erstreben. ... Der schwarze Mann muß sich selbst als schwarz idealisieren. Und nicht nur idealisieren, sondern das Ziel auch strebend begehren."[21]

Beide, Cleaver und Jones, sehen in der Konzeption der Négritude die einzige Neubestimmung der Negeridentität.[22] Ihr Ziel besteht in der Entwicklung eines vom Weißen unabhängigen Kultur- und Nationalbewußtseins, das auf einen Wandel der vom Rassenkampf geprägten Gesellschaft abzielt. Ihr Weg ist damit in seinem Kern außer-individuell und revolutionär.

Diese politische Grundhaltung scheint wesentlich von dem angesprochenen Leserkreis mit bestimmt zu sein. Eldridge Cleaver wie auch George Jackson begannen beispielsweise mit ihrem Schreiben im Gefängnis, wo das geschriebene Wort zuallererst als Mittel zur Ichbestimmung in der Konfrontation mit dem weißen Machtapparat diente. Die Erfahrung des Gefängnislebens, das gewissermaßen als verdichteter Mikrokosmos der Außenwelt erscheint, wird zum privaten Bekenntnis, das jegliche Leserschaft ignoriert. Vielmehr wird das geschriebene Wort zunächst zu einer gewalttätigen Ersatzhandlung. Im Prozeß des Schreibens äußert sich zuerst das unterdrückte, von Haßgefühlen diktierte Bewußtsein, bis sich dann--und darin besteht die eigentlich literarische Leistung dieser beiden Gefängnisschriften--im Verlauf der Auseinandersetzung mit der Sprache ein emanzipierendes, betont schwarzes Bewußtsein entwickelt. <u>Soul on Ice</u> und <u>Soledad Brother</u> stellen so ein extremes Gegenstück zu den essayistischen Beiträgen Baldwins dar und unterstreichen die Wichtigkeit, die die intendierte Leserschaft für den Minderheitenautor hat.

Im Gegensatz zu Cleaver und Jackson verfolgt Baldwin einen sprachlich wie inhaltlich gewaltfreien, in seinem Kern tief <u>anti-revolutionären</u>[23] Kurs. Denn er sucht keine Synthese seiner Existenzweise als Neger mit der "black art", vielmehr versucht er in Anlehnung an Martin Luther King auf einen Wandel der Weißen durch das Medium zwischenmenschlicher Liebe hinzuwirken. An die Stelle der Konzeption des schwarzen Nationalismus treten bei ihm stattdessen Begriffe wie Nächstenliebe, Menschlichkeit und "acceptance".

4. Grundzüge des Baldwinschen Standpunktes in der Rassenfrage

4.1. Der Rassenkonflikt als Problem der Weißen

In seinen "Autobiographical Notes" betont der Autor zum erstenmal die Bedeutung, die die historische Vergangenheit des Schwarzen für das Zusammenleben der beiden Rassen hat: "I think the past is all that makes the present coherent, and further, the past will remain horrible for exactly as long as we refuse to assess it honestly." (NNS 4) Mit dieser Feststellung, die "leitmotivisch das gesamte Schaffen des Autors durchzieht,"[24] wird die psychologische Problematik des Zusammenlebens untrennbar mit der historischen Entstehung verknüpft. Diese Vergangenheit konstituiert nicht nur die Identität des Schwarzen--"The identity of the American Negro comes out of this extreme situation ..." (NNS 144)--sondern gleichzeitig auch die Art des psychologischen Verhältnisses der beiden Rassen.

Die Besonderheit der rassischen Erfahrung bringt es mit sich, daß für Baldwin Vergangenheit und Gegenwart überlappen und im Blick auf den Lebensbereich des Einzelnen ineinander übergehen: "History is the _present_, the _present_. ... We carry our history. ... We _act_ on it. And if one is going to change history we have to change ourselves because we _are_ history." (RR 197) Die Gleichsetzung von Vergangenheit und Gegenwart deutet im Hinblick auf den 15jährigen Zeitabstand, der zwischen beiden Äußerungen liegt, darauf hin, daß stärker als zuvor die Gegenwart als unveränderte, reproduzierte Vergangenheit empfunden wird. Grundlage dieser unveränderten Gegenwärtigkeit der Vergangenheit ist die Gefangenschaft des weißen Amerikaners in einer auf Verdrängung und Leugnung aufgebauten gemeinsamen Geschichte: "To be locked in the past means, in effect, that one has no past, since one can never assess it, or use it: and if one cannot use the past, one cannot function in the present, so one can never be free. I take this to be, as I say, the American situation in relief, the root of our unadmitted sorrow, and the very key to our crisis."[25] Während der Schwarze den Zustand der Unterdrückung gewissermaßen durch die tägliche Auseinandersetzung zum Bestandteil seiner Existenz machte und dadurch zu einem leidgeprüften, seelisch reiferen Menschen wurde, lebt der Weiße in ständiger Angst vor der Herausforderung seines Selbstbildes in einer Art Trauma vor dem Schwarzen. Damit stellt Baldwin sozusagen Faulkner auf den Kopf, denn nicht der Schwarze ist jetzt länger die Bürde des Weißen, sondern der Weiße wird zur Bürde des Schwarzen--aus dem Negerproblem wird das Problem der weißen Amerikaner: "At the root of the American Negro problem is the necessity of the American white man to find a way of living with the Negro in order to be able to live with himself." (NNS 146)

Ausgangspunkt und ständiger Bezugsrahmen der Erörterung ist der sich selbst entfremdete Weiße, der die Realität der Rassenbeziehungen stets verdrängt hat: "The person who distrusts himself has no touchstone for reality--for this touchstone can only be oneself. Such a person interposes between himself and reality nothing less than a labyrinth of attitudes. And these attitudes ... are historical and public attitudes. ... Therefore, whatever white people do not know about Negroes reveals, precisely and inexorably, what they do not know about themselves." (FIRE 63)

Der der Wirklichkeitsverleugnung entspringende Zustand der Selbstentfremdung, der seinen deutlichsten Ausdruck in der Unfähigkeit, den Schwarzen als Menschen anzuerkennen, findet, liegt Baldwin zufolge in der Angst des Weißen vor sich selbst begründet--"If Americans were not so terrified of their private selves, they would never have needed to invent and could never have become so dependent on what they still call 'the Negro problem'" (NNIS 42)--und bewirkt jene Form von Liebesunfähigkeit und zwischenmenschlicher Beziehungslosigkeit, in der der Autor die Grundlagen des Rassenkonfliktes zu sehen vermeint: "White people in this country will have quite enough to do in learning how to accept and love themselves and each other, and when they have achieved this ... the Negro problem will no longer exist, for it will no longer be needed." (FIRE 35)[26]

Diese Art der Argumentationsführung hat als Bezugspunkt eine abstrakte "fiktive Kollektivgestalt,"[27] auf dessen psychische Dispositionen der Rassenkonflikt sozusagen reduziert wird. Die Analyse des gesamtgesellschaftlichen Phänomens 'Rassenkonflikt' bewegt sich ausschließlich auf einer individualpsychologischen Dimension mit dem Ziel einer Selbstanalyse des weißen Amerikaners, wobei dem Schwarzen gleichsam die Rolle des Therapeuten zukommt. Der Schwarze wird damit zu einer Schlüsselfigur der amerikanischen Gesellschaft überhaupt: "He is the key figure in this country, and the American future is precisely as bright or as dark as his." (FIRE 126/127)

Der angesprochenen Therapeutenfunktion des Schwarzen, die insbesondere in Another Country ihren Niederschlag findet, kommt dabei die Aufgabe einer Befreiung der Weißen zu.[28] Analog hierzu soll sich die angestrebte Veränderung primär auf der psychischen Ebene vollziehen und den Weißen von der als verhängnisvoll empfundenen Geschichtsvorstellung emanzipieren: "... diese Revolution kann nicht so sehr darin bestehen, die Lage der Neger zu verändern, als vielmehr die Amerikaner schlechthin und die Beziehung der Amerikaner zueinander."[29] An die Stelle selbstbestimmender Handlungsweisen mit dem Ziel einer sozial zu gestaltenden Veränderung tritt die Liebe als einziges Mittel, das eine Änderung des weißen Bewußtseinszustandes bewirken soll. Damit steht Baldwin ganz in der Tradition Martin Luther Kings, dessen rassenpolitisches Ziel ebenfalls in einer Umerziehung der Weißen bestand: [our aim is] "the re-education of whites out of their racial ignorance by non-violent means."[30]

4.2. Die Konzeption der aktiven Nächstenliebe

Schon während seiner Emigrationsjahre in Paris stellte die Rassenschranken überwindende Erfahrung zwischenmenschlicher Liebe eine Art Schlüsselerlebnis für Baldwin dar, das seine ganze rassenpolitische Entwicklung entscheidend beeinflussen sollte: "I realized, and accepted for the first time that love ... was among my possibilities, for here it was, breathing and belching beside me, and it was the key to life. ... It began to pry open for me the trap of colour ..." (NNIS 23)

Dieses Erlebnis, das für ihn eine jenseits aller Rassenbeschränkung liegende Identitätsbildung ermöglicht, wächst im Zuge der Bekanntschaft mit King[31] zu einer seiner wesentlichsten Denkkategorien.

In dem Essay "My Dungeon Shook", den der Autor in Form eines öffentlichen Briefes an seinen Neffen anläßlich der hundertjährigen Wiederkehr der Emanzipation aus der Sklaverei schrieb, findet sich jenes Begriffspaar, das seine Vorstellung am deutlichsten auszudrücken scheint: "There is no reason for you to try to become like white people and there is no basis whatever for their impertinent assumption that they must accept you. The really terrible thing ... is that you must <u>accept</u> them with <u>love</u>. For these innocent people have no other hope. They are, in effect, still trapped in a history which they do not understand and until they understand it, they cannot be released from it." (FIRE 19)[32] Die beiden Schlüsselwörter "acceptance" und "love" verdeutlichen jene <u>Erlöserfunktion</u> des Schwarzen, die durch das Medium der Liebe einen Wandel herbeizuführen sucht und in der auch King das entscheidende rassenpolitische Mittel sah: "Love is mankind's most potent weapon for personal and social transformation."[33]

Dieser "Appell an die Nächstenliebe"[34] und die daraus entspringende pro-integrationistische Haltung bilden die Grundlage der politischen Position des Autors und unterscheiden ihn gleichzeitig von allen zeitgenössischen schwarz-nationalistischen Konzeptionen. Das dialektische Metaphernpaar "Amputation" und "Fäulnis", welches die schwarzen Nationalisten durch die Négritudebestrebungen aufzuheben suchen, wird bei ihm durch die Synthese von "love" und "acceptance" ersetzt. Dieser Versuch einer dialektischen Überwindung des Rassenkonflikts verlagert die gesamte Problematik der Rassenbeziehungen in den transrationalen Raum einer säkularisierten Liebesethik, die den Charakter einer "transcendental reality"[35] annimmt. Die besondere Art der Gedankenführung bringt es gleichzeitig mit sich, daß dieselben Sachverhalte durch das gesamte essayistische Werk hindurch in immer wiederkehrenden oder nur geringfügig veränderten Begriffen umkreist werden, ohne daß dabei in einem systematischen Zusammenhang Erkenntnisfortschritte gewonnen würden. Die hieraus resultierende Unmöglichkeit einer systematischen Erörterung des Problemzusammenhangs scheint in jener perspektivischen, d.h. persönlichen Betrachterrolle des Autors zu liegen, welche soziale Phänomene durch den Spiegel individueller Erfahrung assoziativ zu verstehen und deuten sucht, wobei sich zwischen Deutung und Lösungsangebot eine fast unüberwindbare Kluft aufzutun scheint. Diese Unausgewogenheit ist offensichtlich in der ambivalenten Rolle der predigerhaften Grundhaltung der Ausführungen zu suchen. Denn solange die rassenpolitische Predigt die Ebene privater Erfahrung nicht in einen allgemein politischen Erfahrungsbereich einfließen lassen kann, muß es ihr an Authentizität und allgemein gültiger Verbindlichkeit fehlen.

Die Darstellung des Rassenkonflikts aus der persönlichen Eindruckswelt heraus läßt die einzelnen Beiträge zu Stationsberichten eines Lebensweges werden. Auf diesem Weg stellt <u>The Fire Next Time</u> einen <u>Scheideweg</u> dar, da hier nämlich der Glaube und die Hoffnung auf die Liebe verbunden sind mit einer Warnung: "If we do not now dare everything the fulfillment of that prophecy, recreated from the Bible in song by a slave is upon us: God gave Noah the rainbow sign, no more water, the fire next time!" (FIRE 141)

Diese Umkehrung des ursprünglichen Bibeltextes zeichnet eine eindringliche Warnung vor der Zerstörung des Zusammenlebens der beiden Rassen und begründet zugleich Baldwins Rolle als <u>rassenpolitischer Prophet</u>.[37] Ausdruck dieses Rollenverständnisses ist nicht nur der warnende Aufruf zur Umkehr von <u>The Fire Next Time</u>, sondern auch die drohende Unheilsverkündung der bislang letzten Station No Name in the Street. Der durch die Ermordung Kings bewirkte Glaubensverlust an die Realisationsmöglichkeiten zwischenrassischer Liebe[38] erfährt metaphorisch seine Ausprägung in dem Titel des letzten Bandes. No Name in the Street deutet darauf hin, daß die durch den Akt der Liebe gefundene Identität erneut in Frage gestellt ist. Die Namenlosigkeit verweist nämlich, sieht man im ästhetischen Bereich in der Benennung zugleich eine Lösung, auf einen Zustand der Ratlosigkeit und Hoffnungslosigkeit. Die Ambivalenz des Propheten entwickelt sich in diesem letzten Band immer stärker von der einst "primär auf die Rolle des an die Moral der weißen Amerikaner appellierenden Warners vor dem 'fire next time'"[39] zu einem offenen Unheilsverkünder. Sein Selbstverständnis war angesichts der Ermordung Kings zeitweilig in Frage gestellt, sollte später hingegen wieder zur alten Position, so wie sie sich in dem Dialog mit Nikki Giovanni zeigt, zurückfinden.

Die das Selbstverständnis des Propheten begleitende passive Betrachterrolle erweist sich als einer der grundlegenden Eckpfeiler des Lebens- und Kunstverständnisses von Baldwin. An die Stelle einer möglichen Handlungsethik tritt die Literatur als Mittel der Wahrheitssuche und Selbstergründung, als sprachliches Vehikel zur Identitätsfindung. Im Blick auf die angesprochene resignierte Haltung des Propheten lassen sich die essayistischen Reflexionen als "Reaktion auf jene Form der Handlungshemmung begreifen, die eine gesellschaftlich relevante Aktion nicht mehr gestattet."[40] Die Reflexion wird so zu einer Ersatzhandlung, die zur literarischen Betätigung führt.[41] In den fiktionalen Werken entspricht dieser Deutung dann eine Darstellungsweise, die mit Ausnahme von Blues for Mister Charlie ausschließlich handlungsgehemmte Individuen vorführt.

Den zweiten Eckpfeiler des essayistischen Werkes bilden die Bemühungen des Autors um eine Verständigung der beiden

Rassen: "What has obsessed me, what I cannot get clear, is how to achieve that wedding of the two races, or really how to legalize that wedding." (RR 180) Dieses literarische Grundanliegen[42] bedeutet im Falle der non-fiction Schriften einen Appell an die schwarzen Mitbürger zur aktiven Nächstenliebe und eine Warnung an die Weißen vor den Folgen einer möglichen Zurückweisung. Im fiktionalen Werk wird diese Liebesethik dann zum zentralen Motiv, zunächst innerrassisch in Go Tell It on the Mountain, dann auf einer symbolischen zwischenrassischen Ebene in Giovanni's Room und schließlich explizit zwischenrassisch in Another Country und Tell Me How Long the Train's Been Gone.

Eng verbunden mit diesem literarischen Grundanliegen ist, sieht man von dem ersten Roman ab, die Aufgabe einer ausschließlich schwarze Lebenserfahrung porträtierende Literatur.[43] An die Stelle der von Jones geforderten schwarzen Ausdruckssprache tritt eine für Baldwin eigentümliche Verbindung von typisch schwarzen Kulturmustern mit klassischen Motiven der ("weißen") amerikanischen Literaturtradition. Dieser als dritter Eckpfeiler zu bezeichnende Sachverhalt deutet im Unterschied zu Autoren wie Cleaver und Jones abschließend darauf hin, daß Baldwin primär einen intendierten weißen Leser anzusprechen scheint und sich dadurch sowohl von seiner schriftstellerischen Intention wie auch von der literarischen Motiv- und Sprachverwendung her von den meisten zeitgenössischen schwarzen Autoren unterscheidet.

III. Von der 'store front church' zum 'American Dream'

A. Reflexion über die Geschichte des Negers:
   <u>Go Tell It on the Mountain</u>

In seinem Erstlingsroman <u>Go Tell It on the Mountain</u> nimmt James Baldwin eine der zentralen Themenstellungen seiner Essays wieder auf. In dieser Wiederaufnahme der Identitätsproblematik kommt die enge Verflechtung zwischen dem essayistischen und dem belletristischen Werk des Autors deutlich zum Ausdruck, denn in seiner Romanliteratur greift Baldwin in der Regel auf die essayistischen Reflexionen zurück, die nun mittels künstlerischer Phantasie und im neuen Gewand der Romanliteratur an Dichte und Komplexität gewinnen.

<u>Go Tell It on the Mountain</u> porträtiert in seinen Hauptfiguren eine religiöse Glaubensgemeinschaft in Harlem. Im Mittelpunkt des Figurengeflechts, das ausschließlich aus Schwarzen besteht, steht der 14-jährige John Grimes, der sich unmittelbar vor dem Eintritt in die Glaubensgemeinschaft "The Temple of the Fire Baptized" befindet. Anhand seiner Bewußtwerdung sowie seiner Identitätskrise versucht der Autor, Grundbefindlichkeiten der Existenzweise eines heranwachsenden Schwarzen aufzuzeigen.

Die Suche nach Identität, seit jeher eines der dominierenden Motive amerikanischer Literatur, ist eng verknüpft mit dem Thema der "loss of innocence." Der initiationsähnliche Weg von naiver Unschuld zu Erfahrung markiert die Wegstrecke in Johns Entwicklung und deutet an, daß Baldwin bereits in seinem ersten Roman auf typische Motive 'weißer' amerikanischer Literaturtradition zurückgreift.[1] John erscheint so als eine Art schwarzer Holden Caulfield, mit dem Unterschied freilich, daß Salingers Protagonist, der sich aus der Gesellschaft zurückgezogen hatte, am Ende in diese zurückzukehren beabsichtigt, während Baldwins Held der Eintritt in die Gesellschaft noch bevorsteht. Diese Unterschiedlichkeit des Initiationsritus zu Beginn der 50er Jahre mag kennzeichnend für die damalige entgegengesetzte Lebenswirklichkeit sein. Bereitete sich der Schwarze erst noch auf den Eintritt in die Gesellschaft vor, so konnte es sich der Weiße gestatten, dieser Gesellschaft zumindest zeitweilig den Rücken zu kehren.

Die Handlung der Gegenwartserzählebene erstreckt sich vom Abend des 14. Geburtstages von John bis zum Morgen des folgenden Tages und umfaßt den ersten und dritten Teil des Romans. Dieser erste Teil "The Seventh Day" stellt die Konflikte innerhalb der Familie Grimes dar, was sich insbesondere an dem Verhältnis Johns zu seinem Stiefvater Gabriel zeigt.

Der dritte Teil "The Treshing Floor" schildert die religiöse Konversion Johns und deutet das Vater-Sohn Verhältnis auf dem Hintergrund des biblischen Symbolgeflechts von Noah und Ham.

Diese beiden Teile umfassen gleichsam als Klammer den Mittelteil "The Prayers of the Saints". In drei Gebeten, die die Form von Vorzeithandlungen[2] annehmen, führt der Erzähler die Lebensgeschichten von Gabriel, seiner Frau Elisabeth sowie seiner Schwester Florence vor und vermittelt dadurch einen Einblick in die Konfliktgründe der Gegenwartsebene. Darüber hinaus erhellen diese individuellen Geschichten bestimmte historische Daseinsweisen des Schwarzen, die dem suchenden Bewußtsein von John als geschlossene Identitäten gegenüberstehen.

1. Zum Verhältnis von Identität und Geschichte

<u>Go Tell It on the Mountain</u> beginnt mit einem auktorialen Vorbericht, der eine Beschreibung des familiären und religiösen Milieus vermittelt und zugleich in die konfliktgeladene Si-

tuation des Protagonisten einführt. Anläßlich eines Gottesdienstes, in dem ein jugendliches Paar durch den Prediger zu sexueller Enthaltsamkeit aufgefordert wird, denkt John plötzlich mit Erschrecken daran, daß auch sein Leben, sobald er der Gemeinschaft beigetreten sein wird, eine völlige Unterwerfung unter Glaubensinhalte nach sich ziehen wird: "John first realized that this was the life awaiting him--realized it consciously, as something no longer far off, but imminent, coming closer day by day." (GT 19) Dieses bevorstehende Ereignis wird von ihm intuitiv an seinem Geburtstagsmorgen als Bedrohung empfunden: "He awoke on this birthday morning with the feeling that there was menace in the air around him." (GT 19)

Die erzähltechnische wie inhaltliche Gestaltung weist bereits hier einige Kennzeichen auf, die im Blick auf die Anlage des Romans als wesensbestimmend angesehen werden können. So wird die dargestellte Welt durch die Form der 'erlebten Rede' aus der Perspektive Johns erzählt und erfährt erst im eindruckhaften Erleben des Perspektiventrägers seine Gegenständlichkeit und Bedeutung; Geschichte wird dadurch zur eindruckhaften Lebensgeschichte.

In der existenziellen Verunsicherung des Protagonisten liegt ein weiteres wesentliches Moment der Darstellung. In dieser Verunsicherung kommt nicht nur die Ungewißheit über die bevorstehende religiöse Bekehrungszeremonie zum Ausdruck, sondern vor allem auch die Beziehung seiner Identitätsproblematik zu seinem Vater. Johns Ziel, die Existenz seines Vaters zu transzendieren--"For he had made his decision. He would not be like his father, or his father's fathers. He would have another life" (GB 20)--ist nämlich entscheidend durch seine von Weißen vermittelte Identität bestimmt: "It was not only colored people who praised John, since they could not, John felt, in any case really know; but white people also said it, in fact had said it first and said it still. It was when John was five years old and in the first grade that he was first noticed; and since he was noticed by an eye altogether alien and impersonal, he began to perceive, in wild uneasiness, his individual existence." (GT 21) Zwischen der ihm von Weißen gegebenen Identität--"it was his identity to which he clung in order to withstand his father" (GT 22)--sowie der durch den Vater vertretenen Existenzweise liegt das Spannungsfeld seiner Identitätsproblematik.

Diese Gegensätzlichkeit offenbart sich besonders deutlich bei einem Ausflug Johns in die weißen Stadtteile New Yorks. Anhand des Metaphernpaars "Broadway" und "narrow way" verdeutlicht der Erzähler die einander sich ausschließenden Existenzweisen: "It was the roar of the damned that filled Broadway, where motor cars and buses and the hurrying people disputed every inch. ... Narrow was the way that led to life eternal. ... But he did not long for the narrow way, where all his people walked. ... In the narrow way, the way of the cross, there awaited him only humiliation forever." (GT 38) Der Wunsch nach Anerkennung in der durch Wohlstand und Macht gekennzeichneten Welt der Weißen führt jedoch zur Negation des geschichtlichen Gewordenseins und bewirkt Distanz, Verachtung, ja sogar Haß den eigenen Angehörigen gegenüber: "it was his hatred and his intelligence that he cherished." (GT 22) Die von Weißen geformte Identität bedeutet damit jedoch letztlich nur Entfremdung gegenüber den eigenen schwarzen Mitbürgern und erweist sich als Scheinidentität. Der Weg zur eigenen Identität führt deshalb über die Annahme der eigenen Abstammung und Geschichte und damit über den eigenen Vater: "John could not bow before the throne of grace without first kneeling to his father. On his refusal to do this had his life depended." (GT 33) Vordergründig erscheint hier Johns Situation als oedipale Problematik, und einige Baldwinkritiker haben dies auch zum Ausgangspunkt ihrer Deutungen genommen.³ Durch diese Sicht wird jedoch ein subtiles Symbolgeflecht seiner historisch-rassen-politischen Aussagedimension beraubt und auf ein ausschließlich privates Problem reduziert. Zwar erscheint John als eine Art schwarzer Oedipus, der die eigene Abstammung zu ergründen sucht, doch ist diese Identitätssuche gewissermaßen rassisch vorgeprägt, so daß sich eine Existenzbestimmung erst in einer harmonischen Zuordnung von individuellem und sozialem Selbst vollziehen kann.

2. Geschichte als erlebte Gefangenschaft

Der von Weißen geformten Scheinidentität Johns werden durch den Mittelteil des Romans "The Prayers of the Saints" die Lebensgeschichten seines Stiefvaters, seiner Mutter sowie seiner Tante in Form von Erweckungsgebeten gegenübergestellt. Diese drei Gebete der älteren Generation sind Zeugnis ihrer eigenen Geschichte und vermitteln Einblicke in die Hintergründe ihrer Lebensgestaltung. Als Vorzeithandlungen mit ihrer Funktion, die Erzählgegenwart zu begründen, kennzeichnen sie darüber hinaus ein überpersönliches Lebensgesetz, dem alle drei unterworfen sind: der mittelbaren Existenzbestimmung durch die Weißen.

Diese Existenzbestimmung wurde bereits symbolisch durch den Film angesprochen, den John bei seinem Ausflug nach Manhattan besuchte. Die geschilderten Filmszenen lassen vermuten, daß es sich um eine Filmversion von Somerset Maughams Roman Of Human Bondage handelt. In diesem Romankontext versinnbildlicht der aus der Sklavenzeit stammende Begriff "bondage" Existenzweisen, die alle noch der sozialen Gefangenschaft unterworfen sind. Im Rückgriff auf eine derartige Symbolik wird deutlich, daß für den Autor lediglich die Formen der Knechtschaft, nicht aber diese selbst sich seit der Abschaffung der

Leibeigenschaft geändert haben, was in den nachfolgenden Erweckungsgebeten jeweils anhand der individuellen Lebensgeschichten vorgeführt wird.

Das erste Gebet beleuchtet durch Florence als Perspektiventräger die Geschichte der ersten Negergeneration nach der Abschaffung der Sklaverei. Dem Erlösungsglauben ihrer Mutter sowie deren Unterwürfigkeitsbedürfnis den Weißen gegenüber--"She was content to stay in this cabin and do washing for the white folks, though she was old and her back was sore. And she wanted Florence, also, to be content."--steht Florences Wunsch nach Veränderung und Verbesserung ihrer Lage gegenüber: "And this became Florence's deep ambition: to walk out one morning through the cabin door, never to return." (GT 81) Die Gegensätzlichkeit der beiden Lebensauffassungen erfährt in den Begriffen "ambition" und "to be content" ihre tiefere Bedeutung. Denn bekanntlich stellten der Drang und die Wanderung der Schwarzen nach Norden nicht nur die Sehnsucht nach mehr Freiheit, sondern auch die Hoffnung auf grösseres wirtschaftliches Wohlergehen dar.

Doch Florences Ehrgeiz, im Norden das zu finden, was ihr im Süden durch die von Weißen auferlegten Beschränkungen verwehrt geblieben wäre, scheitert sinnbildlich in ihrer Ehe mit Frank: "He had never made enough money to buy the home she wanted, or anything else she really wanted. ... It was he who ... taught her that there are people in the world who are destined never to arrive. For ten years he came along, but when he left her he was the same man she had married. He had not changed at all." (GT 94)

Die enttäuschten Erwartungen und betrogenen Hoffnungen lassen sie zum Opfer ihrer eigenen Wunschträume und Fehleinschätzungen werden. Die Symbolik des Filmtitels wird damit auch in ihrer romankontextuellen Ambivalenz deutlich. Denn Florence ist nicht nur Opfer weißer Knechtschaft, d.h. weißer Machtverhältnisse, sondern unterliegt ebenso sehr der eigenen existenziellen Gefangenschaft. Sie wird damit zum Träger einer doppelten Opferrolle.[4]

In dieser Doppeldeutigkeit wird zugleich deutlich, daß Baldwin das Individuum nicht in einem naturalistisch kausalen Sinn auf seine Verhältnisse reduziert. Stattdessen ist für ihn der Schwarze Träger der weitgehend von Weißen gestalteten geschichtlichen Wirklichkeiten ebenso wie der eigenen individuellen Existenz. In dieser Verquickung eines bestimmten existenzphilosophischen Determinismus einerseits sowie rassenpolitischer Unterdrückung andererseits zeigt sich die alle Figuren umgreifende Grundlinie des Romans.

Auch Gabriels Lebensgeschichte enthüllt diese dualistische Existenzbestimmung. Durch seine Heirat mit Deborah erhofft er Vergebung seiner Sünden--"he now realized ... that there was in that relationship something foreordained. ... The Lord had sent him to her to raise her up, to release her from that dishonor which was hers in the eyes of men." (GT 124) Die in ihrer Jugend von Weißen vergewaltigte Deborah galt seither als "the living proof and witness of their [the negroes] daily shame." (GT 125) Doch Gabriels Wunsch nach Sündenvergebung mißlingt. Deborah erweist sich in ihrer Ehe als unfruchtbar; die Vergewaltigung durch die Weißen hat zur Sterilität geführt. Der Mythos von der sexuellen Vitalität und Animalität des Schwarzen wird dadurch von dem Erzähler auf den Kopf gestellt: nicht die weiße Frau leidet unter der sexuellen Verfolgung durch den schwarzen Mann, sondern die Schwarze wird zum wehrlosen Opfer weißer Brutalität.

Ähnlich wie Florence und Gabriel verkörpert auch Elisabeths Lebenslauf die enge Verzahnung von existenzphilosophischer Symbolik und rassenpolitischer Unterdrückung. Die Wertungen des Erzählers, der ihr Leben als "series of disasters" (GT 175), "she had tried once, and she had failed" (GT 181), "the sordid

series of mistakes which was to cause her to fall so low" (GT
185) schildert sowie das daran anschließende Fazit "there was
no escape for anyone" (GT 201), "What was coming would surely
come, nothing could stop it" (GT 202) drücken eine existenz-
philosophische Lebenseinstellung aus, die jenseits rassischer
Zugehörigkeiten zu liegen scheint und die den Schwarzen zu
einem symbolischen Vertreter bestimmter allgemein menschlicher
Lebenszustände werden läßt.

Die Protagonisten sind daher zuallererst Opfer und Ge-
fangene ihrer eigenen problematischen Existenzen. Die rassenpolitisch bedingte Unterdrückung, so z.B. der weiße Machtmiß-
brauch, durch den Elisabeths früherer Verlobter Richard unschuldig eingesperrt und zum Selbstmord getrieben wird, stellt
dabei den äußeren Anlaß, nicht aber die Ursache des Scheiterns
dar. Denn wenn für Richard New York zur "city of destruction"
(GT 181) wird, kommt diesem gesellschaftlichen Tatbestand lediglich eine zusätzliche Bedingtheit und nicht eine wirkungs-
mäßige Ursächlichkeit seines Scheiterns zu. Die sozialen Umwelt-
faktoren mit ihren verschiedenen Formen der Unterdrückung sind
letztlich Auslösefunktionen, an denen das prädisponierte Individuum scheitert.

Erzähltechnisch manifestiert sich dieser Sachverhalt in
den jeweils unterschiedlichen Erzählperspektiven der drei
Vorzeithandlungen sowie in der übergreifenden Symbolfunktion
der Kirche. Die Unterschiedlichkeit der einzelnen Erzählperspektiven verdeutlicht die isolierte Erlebnisweise der einzelnen Charaktere und kennzeichnet die Vereinzelung des Individuums in der Gemeinschaft. Da die einzelnen Vorzeithandlungen
erzähltechnisch nicht verknüpft sind, kommt der Kirche gleichsam eine klammerbildende Aufgabe zu. Historisch gesehen stellte
ja die Negerkirche den einzigen sozialen Freiraum des Schwarzen dar--"The Negro church connected the Southern Negro with
his former life, and gave him a socially acceptable outlet for

his rage, his terror, and his frustrations."[5] Innerhalb des Romangefüges symbolisiert sie den Freiheitsraum, in dem die Vorzeithandlungen überhaupt erst stattfinden können. Diese Aufgabe erschöpft sich jedoch in einer ausschließlich kathartischen Wirkung, denn keiner der Charaktere erfährt durch die Erweckungsgebete eine Verbesserung seiner psychischen oder sozialen Lage. Somit schafft die Kirche zwar einen Freiheitsraum und wird buchstäblich zum einzigen sozialen Tätigkeitsfeld, das dem Schwarzen verblieben ist,[6] doch vermag sie es andererseits nicht, die soziale Knechtschaft des Einzelnen zu verändern.

Dieses auf Passivität beruhende religiöse Selbstverständnis hatte Richard Wright bereits Ende der 30er Jahre in seiner Kurzgeschichte "Fire and Cloud" angeprangert. Der Protagonist, der schwarze Prediger Taylor, ruft angesicht einer Hungerperiode seine Gemeindemitglieder zu kollektivem Handeln in Form einer Demonstration auf. Ein derartiger kämpferischer Zug schien für Baldwin hingegen zu Beginn der 50er Jahre noch unmöglich gewesen zu sein und erst sein 1965 aufgeführtes Schauspiel <u>Blues für Mister Charlie</u> schildert anhand der Figur des schwarzen Predigers Meridian Möglichkeiten eines gewaltfreien Widerstandes.

3. Möglichkeiten der Identitätsfindung

Im dritten Teil, "The Treshing Floor", liegt die Erzählperspektive wieder im eindruckhaften Erleben Johns, der nun in dieser Erweckungszeremonie sein Bekehrungserlebnis hat. Der Weg dorthin führt jedoch nur über seinen Vater und über die Annahme seiner Verfehlung. Denn ähnlich wie Noahs Sohn Ham hatte auch John seinen Vater unbekleidet gesehen und sich darüber lustig gemacht. Und genauso wie Ham fühlt auch er sich von seinem Vater verworfen: "Then his father stood just above him, looking

down. Then John knew that a curse was renewed from moment
to moment, from father to son. Time was indifferent, like
snow and ice; but the heart, crazed wanderer in the driving
waste, carried the curse forever." (GT 226) Um diesen Fluch
und die damit verknüpfte stigmatische Identität überwinden
zu können, läßt der Erzähler John Einblick in die geschicht-
liche Tradition der Schwarzen gewinnen. In einem assoziativen
Gedankenstrom sieht sich der Protagonist zunächst mit seinen
Angehörigen in einem Grab--"he was a stranger there--they
did not see him pass, they did not know what he was looking
for, they could not help him search." (GT 229) Dieses Grab
ist jedoch nicht nur Metapher der Vergangenheit, der Isolation
und des Todes, sondern auch der Auferstehung. Denn hier erfährt John in dem gemeinschaftlichen Singen und Beten zum
erstenmal jene Bewußtwerdung der eigenen Geschichte, die nur
aus Leiden, Erdulden und ohnmächtigem Zorn besteht:

> In this murmur that filled the grave ... he recognized
> a sound that he had always heard. He began, for terror,
> to weep and moan. ...
>
> This sound had filled John's life, so it now seemed,
> from the moment he had first drawn breath. He had heard
> it everywhere. ... It was in his father's anger, and in
> his mother's calm insistence, and in the vehement mockery
> of his aunt. ... Yes, he had heard it all his life, but
> it was only now that his ears were opened to this sound
> that came from darkness, that yet bore such sure witness
> to the glory of the light. And now in his moaning ... he
> heard it in himself. It was a sound of rage and weeping
> ... (GT 229/30)

Dieses Erweckungserlebnis umgreift die gesamte Persönlichkeit
des Perspektiventrägers. Und aus dieser Totalitätserfahrung,
die momentan Vergangenheit und Gegenwart, Körper und Geist zu
einer Einheit werden läßt, konstituiert sich jene Identität,
die ihn nicht länger von seinen schwarzen Mitbrüdern entfremdet
An die Stelle der Fremdidentität und des Selbsthasses, der in
Rassenhaß ausartete, tritt somit ein Zusammengehörigkeitsgefühl

mit seinen schwarzen Glaubensbrüdern; statt seine Vorfahren und deren Lebensweise zu verleugnen, weiß er jetzt, daß erst die Annahme der eigenen Geschichte jene Entfremdung überwindet, die ihn von sich selbst und seinen Mitbrügern trennte.

Doch bringt diese Identitätsfindung keine entscheidende Befreiung für sein Verhältnis zu seinem Vater mit sich: "the living word that could conquer the great division between his father and himself ... did not come". (GT 237) Das Symbolgeflecht von Noah und Ham hat keine Veränderung erfahren, denn das Erweckungserlebnis bedeutete keine Befreiung aus fluchbeladener Verdammnis, sondern lediglich eine Objektivierung und damit momentane Linderung des bestehenden Zustandes.[7]

Analog zu dem Beziehungsgeflecht Noah-Ham kommt in der Figur Johns die ursprüngliche Verworfenheit und Diskriminierung des Schwarzen zum Ausdruck. Denn als Gabriels Stiefsohn und Elisabeths uneheliches Kind ist John zugleich auch "the bastard child of American civilization"[8] und wird dadurch zum Verworfenen und Ausgestoßenen schlechthin.

Diese Daseinszuständlichkeit bleibt nämlich auch nach dem Bekehrungserlebnis bestehen. Dies zeigt sich in der Symbolik des morgendlichen Straßenbildes, das der Emotionalität des Bekehrungserlebnisses kontrapunktisch gegenübergestellt ist:

> Yet the houses were there as they had been; the windows, like a thousand blind eyes, stared outward at the morning-- at the morning that was the same for them as the mornings of John's innocence, and the mornings before his birth. The water ran in the gutters with small, discontented sound; on the water travelled paper, burnt matches, sodden cigaretts-ends; gobs of spittle, green, yellow, brown, and pearly; the leavings of a dog, the vomit of a drunken man, the dear sperm, trapped in rubber, of one abandoned to his lust. (GT 248)

Die gleichbleibende Armseligkeit des Lebens und die Erbärmlichkeit der Umwelt werden hier zu dominierenden Realität. Der Bildersprache liegt ausschließlich die Vorstellung des Verbrauchten und Nutzlosen zugrunde. In dieser Konfrontation mit Abfall,

Kot und menschlichem Auswurf zeigt sich die ganze Hoffnungslosigkeit der Lage John. Denn diese Welt ist die Wirklichkeit, in die der Jugendliche Schwarze tritt, wenn er den Freiheitsraum der Kirche verläßt. So hat das Erweckungserlebnis zwar zur Identitätsfindung geführt, doch ist dieses junge Ich durch die Ausweglosigkeit seiner Situation nach wie vor gefährdet; in der gleichbleibenden Konfrontation mit dem Vater und der gleichbleibenden Häßlichkeit der Außenwelt deutet sich vielmehr die Zukunftslosigkeit der heranwachsenden Schwarzen an.

Diese Zukunftslosigkeit scheint im wesentlichen durch die Art der erzählerischen Darbietung mit bestimmt zu sein. Die drei Vorzeithandlungen vollziehen sich nämlich außerhalb von Johns Bewußtsein und können ihm deshalb keine Richtschnur für seine Zukunft liefern: "at no stage of the narrative does he [John] learn what is revealed to the reader: the past of his ancestors, his real derivation, the secret of his stepfather. The racial past, implicit in the protagonist, is not actualized, ... Accordingly, racial conflict cannot be metaphorically resolved within the limits of the narrative. The illumination of the soul is limited to a spark without a future, to a spasm of sensibility in search of love."[9] Die Hoffnung auf Verkündung und Erlösung, die in dem metaphorischen Titelverweis zum Ausdruck kommt, wird von der Erzählform selbst unterlaufen: die Initiation wird zur Scheininitiation.

Der Initiationsritus verheißt deshalb keine neue Lebenswirklichkeit. Im Gegensatz zu Salingers Holden oder auch Bellows Augie March, die gereift und geläutert in die Gesellschaft zurückkehren, muß der Schwarze erst die eigenen Voraussetzungen zum Eintritt in die bzw. Mitwirken in der Gesellschaft schaffen. Die historische Zeitspanne, die zwischen der Rückkehr des weißen Helden in die Gemeinschaft und der Vorbereitung des schwarzen Helden auf eine Eingliederung liegt, sowie

der diesen Eintritt begleitende Pessimismus kennzeichnen in
der ersten Hälfte der 50er Jahre die historisch bedingte Unterschiedlichkeit weißer und schwarzer Schriftsteller. Für
letzteren schien zu jener Zeit Pessimismus die einzige Zukunftseinstellung zu sein. Dieser Pessimismus wird jedoch in
der Andeutung einer Lösungsmöglichkeit für den individuellen
Bereich der menschlichen Existenz relativiert: "The sun had
come full awake. It was wakening the streets, and the houses,
and crying at the windows. It fell over Elisha like a golden
robe, and struck John's forehead, where Elisha had kissed him,
like a seal ineffaceable forever." (GT 254) Der Sonnenaufgang,
der Johns wachsende homoerotische Zuneigung zu Elisha symbolisiert, verkündet in seiner beschützenden Wärme und Unauslöschlichkeit eine mögliche Quelle der Hoffnung: die homosexuelle
Liebe--ein Thema, das zum zentralen Anliegen von Baldwins zweitem Roman Giovanni's Room wird.

B. Der Homosexuelle als 'weißer' Neger: Giovanni's Room

Giovanni's Room führt in der Beziehung des jungen Amerikaners David zu dem älteren Italiener Giovanni das Problem
der Homosexualität vor. Der Autor greift damit auf ein in seinem ersten Roman nur angedeutetes Motiv zurück und macht die
homosexuelle Liebe als Möglichkeit echter Liebeserfahrung zu
seiner zentralen Thematik.
Das in einem Pariser Bohèmemilieu spielende Werk schildert
in dem Protagonisten David die Identitätssuche eines weißen
Amerikaners, der zwischen Homosexualität und Heterosexualität
schwankt.
Daß dieses Thema ausschließlich in einer weißen Romangesellschaft angesiedelt ist, läßt es jedoch nicht minder wichtig
für die Behandlung der Rassenproblematik erscheinen. Das Phänomen der Homosexualität nämlich bedingt eine Lebensart, die auf-

grund ihrer sozialen Ächtung der des Negers ähnlich ist. So sind beide--der Homosexuelle und der Neger--gesellschaftlich diskriminierte Außenseiter. Durch dieses verwandte soziale Milieu entsteht eine Gemeinsamkeit der Lebenserfahrung, die symbolisch das Verhältnis der beiden Rassen zueinander nachzeichnet.

   Dieses archetypische Muster amerikanischer Literatur, das seit Cooper zu einem Grundzug in der Vorstellungswelt amerikanischer Autoren wurde, betraf immer das Verhältnis von zwei männlichen Angehörigen unterschiedlicher Rassen.[10] Das Motiv der Männerfreundschaft, das in Coopers Natty Bumpo und dem Indiano Chingachgook paradigmatisch seinen Ausgangspunkt fand und später u.a. insbesondere von Twain in der Beziehung Hucks zu Nigger Jim wieder aufgegriffen wurde, bedingt gleichzeitig eine relativ frauenlose, ausschließlich von männlichen Protagonisten dominierte Romanwelt.[11] Während bei Twain hingegen diese Figurenkonstellation noch durch "pure love between males, coloured and white"[12] bestimmt war, scheint für Baldwin eine derartige Grundlage unmöglich geworden zu sein. Die archetypische Vorstellung einer reinen Männerfreundschaft, die jenseits aller rassischen Zugehörigkeit den Traum vom unbefleckten, paradiesischen Garten Amerikas aufrecht erhält, entlarvt sich nicht zuletzt angesichts des praktizierten zwischenmenschlichen Verhältnisses in der rassischen Auseinandersetzung als ein die Realität versperrender Wunschtraum. Gerade dieser Sachverhalt ermöglicht dem Autor jedoch gleichzeitig eine völlig neue Möglichkeit der Präsentation. Indem er nämlich das Motiv der reinen, unbelasteten Männerfreundschaft auf der Ebene der Homosexualität gewissermaßen rassisch umpolt, gewinnt die Darstellung die Fähigkeit zur Aufklärung. Die Wiederaufnahme des Traditionellen wächst so zu einer neuen Deutung des amerikanischen Selbstverständnisses.

   Mit diesem Darbietungszusammenhang eng verknüpft ist das

Thema des Amerika-Europaverhältnisses, das seit Hawthorne
und Henry James zu einem der zentralen Motive in der amerikanischen Literatur geworden ist. Ging es schon bei diesen Autoren weniger um die Ethnographie als vielmehr um bestimmte, mit der Geographie und Geschichte verbundene Vorstellungen, so trifft dies noch stärker für Baldwin zu. Er
verlagert das Motiv der Männerfreundschaft in die europäische Szenerie und gibt dem ursprünglichen Zusammenhang
dadurch eine völlig neue Darstellungsqualität. Der Europaaufenthalt bedeutet so nicht nur ein Klären der eigenen Identität, sondern vermittelt gleichzeitig erstmals die Möglichkeit einer neuen Existenzweise, so wie sie in den Beziehungen
David-Giovanni und Eric-Yves zum Ausdruck kommt.

1. Erzählsituation und literarische Grundstrukturen

David, der Ich-Erzähler des Romans, befindet sich allein
in einem gemieteten Haus in Südfrankreich. Seine Verlobte
Hella hat ihn verlassen, nachdem sie von seinen homosexuellen
Neigungen erfahren hatte. Sein ehemaliger italienischer Freund
Giovanni, den David nach Hellas Rückkehr aus Spanien verlassen und der aus Verzweiflung darüber seinen ehemaligen Arbeitgeber Guillaume ermordert hatte, wird am Morgen des nächsten
Tages gehenkt werden. Ähnlich der Ausgangslage John Grimes
ist auch David existenziell gefährdet, nur daß seine Situation
ungleich bedrohlicher ist. Seine Verlassenheit und radikale
Einsamkeit werden gleich zu Anfang dadurch betont, daß der
Protagonist allein am Fenster seines Hauses steht und in Gedanken seine Vergangenheit passieren läßt. In dem Fehlen der
Exposition wird die psychische Verfassung des Helden angesprochen. Gleichzeitig konstituieren sich in dem expositionslosen Romananfang Erzählperspektive und Erzählbewußtsein: "I
stand at the window of this great house in the south of France

as the night falls, the night which is leading me to the
most terrible morning of my life. I have a drink in my hand,
there is a bottle at my elbow. I watch my reflection in the
darkening gleam of the window pane. ... And the country side
is still tonight, this countryside reflected through my image
in the pane." (GR 7)

    Davids Spiegelbild als Symbol seiner Einsamkeit--es ist
das einzige, was ihm geblieben ist--versinnbildlicht gleichzeitig den Erzählstandpunkt des Romans. Der Ich-Erzähler erlebt durch das Bewußtsein seines Spiegelbildes seine dinghafte Umwelt, die durch sein Bewußtsein gefiltert wird und
damit verinnerlicht wird. Dadurch, daß zwischen ihm und seiner
Welt sein Spiegelbild, d.h. sein Bewußtsein steht, werden die
Dingwelt und ihre Vorgänge in sein Bewußtsein eingegliedert.
Dieser Subjektbezogenheit entspricht eine Erzählbewußtseinsform, die ein assoziierendes Bewußtsein vorführt, das besonders im eindruckhaften Erleben zum Ausdruck kommt, so wie es
sich durch Davids Erinnerungen, die durch das nachdenkliche
Betrachten aus dem Fenster ausgelöst werden, verfolgen läßt.

    Das Bild des Fensters offenbart zusätzlich einen weiteren
wesentlichen Aspekt der Erzählsituation. In dem Ausschauhalten
und dem damit verbundenen fortlaufend assoziierenden Bewußtsein zeigt sich eine gewisse passive Betrachterrolle des Romanhelden. Dessen Bewußtsein erscheint passiv, ohnmächtig und
unfähig, in die Umwelt gestaltend bzw. verändernd einzugreifen. Als Individuum ist er auf sich bzw. sein Bewußtsein zurückgeworfen; ihm fehlt die projektierende wirklichkeitsgestaltende Kraft. David ist deshalb lediglich Subjekt des Erlebens,
nicht jedoch zugleich auch Subjekt des Handelns. <u>Giovanni's
Room</u> wird damit zum <u>Rechtfertigungsbericht</u> eines sich erinnernden Bewußtseins, dessen erzählgegenwärtiger Rahmen die Nacht
vor der Hinrichtung Giovannis ist.

In dem gesamten Binnenteil des Romans berichtet der Ich-Erzähler von seinen Erinnerungen an sein erstes homosexuelles Erlebnis, von seinem Verhältnis zu seinem Vater sowie von seinen Beziehungen zu Giovanni und Hella. Diesen Erinnerungen liegt der Drang nach Selbsterkenntnis und Identitätsfindung zugrunde. Das jugendliche Erlebnis, das der Protagonist verdrängte und das gleichzeitig Ausgangspunkt seiner Schwierigkeiten wurde--"I began, perhaps, to be lonely that summer and began, that summer, the flight, which has brought me to this darkening window" (GR 12)--sowie das kameradschaftliche Verhältnis zu seinem Vater, der für ihn keinerlei Autorität besitzt und den er deswegen verachtet. "I despised my father. ... I wanted to be his son. ... He wanted no distance between us, he wanted me to look at him as a man like myself. But I wanted the merciful distance of father and son, which could have permitted me to love him" (GR 17) bedingen seinen Entschluß, Amerika zu verlassen und nach Paris überzusiedeln. Die erhoffte Befreiung aus seinem jugendlichen Trauma bleibt jedoch aus, denn seine Selbstfindung und Selbsterkenntnis bestätigen lediglich die früheren Verdrängungen: "I think now that if I had had any intimation that the self I was going to find would turn out to be only the same self from which I had spent too much time in flight. I would have stayed at home." (GR 20) Dieses frühe Eingeständnis noch vor Beginn der Erzählung seiner Pariser Erlebnisse rückt die nachfolgenden Begebenheiten in den Bereich des Unvermeidlichen. Davids Erlebnisse erhalten dadurch den Stempel des Vorherbestimmten und Determinierten--sie ermöglichen kein Wachstum, keine Transzendenz des eigenen Selbst, sondern sind vielmehr <u>rückwärts</u> gerichtet und sollen das bereits Geschehene akzeptabel machen.

Dieser retrospektiven Erzählung entspricht eine geschlossene Romanstruktur. Die existenzielle Ausgangssituation des

Helden markiert den festgelegten Rahmen, innerhalb dessen
Vergangenes noch einmal durchlebt wird. Die Konsistenz der
Erzählperspektive, die in <u>Go Tell It on the Mountain</u> zugunsten wechselnder Perspektiven aufgegeben worden war, korrespondiert hier mit einer überschaubaren Welt. Deren relative Einfachheit zeigt sich auf syntaktischer Ebene in dem
bereits zitierten Romananfang, dessen Syntax überwiegend aus
kurzen, einfach konstruierten Aussagehauptsätzen sowie einer
hypotaktischen Satzverknüpfung erster Ordnung besteht. Diese
syntaktische Ausgestaltung, die immer dann auftritt, wenn
der Ich-Erzähler in Aufzählungen berichtet und die nur selten
durch gelegentliche kompliziertere syntaktische Strukturen
abgelöst wird, verrät ein unkompliziertes Bewußtsein, das nicht
nach einer rationalen Auseinandersetzung mit seiner Umwelt
drängt. Diese fehlende Auseinandersetzung wird aufgehoben zugunsten eines einfachen, eindruckhaft nacherlebenden Bewußtseins,
wodurch <u>Giovanni's Room</u> gegenüber dem ersten Roman an Klarheit
und erzähltechnischer Geschlossenheit gewinnt.

2. Der Homosexuelle als 'weißer Neger'

Schon das Kennenlernen von David und Giovanni, der in einer
im Bohèmemilieu angesiedelten Bar beschäftigt ist, steht unter
dem symbolischen Vorzeichen von späterem Leid. David wird, nachdem sich zwischen ihm und Giovanni rasch eine tiefere Zuneigung entwickelt hatte, von einem als Mumie verkleideten Transvestiten vor den Folgen der sich anbahnenden Beziehung gewarnt:
"Now someone whom I had never seen before came out of the
shadow toward me. It looked like a mummy or a zombie, of something walking after it had been put to death. ... 'You will be
very unhappy. Remember that I told you so'." (GR 33/34) Die
Warnung des als Todessymbol auftretenden Transvestiten sowie
die Beschwörung seines Freundes Jacques--"But you can make

your time together anything but dirty, you can give each
other something which will make both of you better forever--
if you will not be ashamed, if you will only not play it
safe." (GR 46)--vermag David jedoch nicht zu begreifen. So
kann er Jacques Beschwörung nach völliger Hingabe nicht umsetzen: "Even when I tried hardest to give myself to him as he
gave himself to me, I was holding something back." (GR 60)

Dieser Mangel an Hingabebereitschaft und die Unfähigkeit
sich zu binden, erfahren ihren Höhepunkt in der Symbolik von
Giovannis Zimmer, das in Davids eindruckhaftem Erleben zum Gefängnis, zum "male prison"[13] wird. Bezeichnenderweise erblickt
er in den verschlossenen und verkleideten Fenstern des Zimmers
etwas Gefängnishaftes: für ihn dominiert die unter der Decke
hängende Lampe, die er als Symbol eines kranken Phallus empfindet--"the yellow light which hung like a diseased and undefinable sex in its center." (GR 67) Die an der Wandtapete aufgemalten "archaic lovers trapped in an interminable rose garden" (GR 66), die durch die Abgeschlossenheit und Entrücktheit des Zimmers von einem paradiesischen Zustand künden, bemerkt er in ihrem Bedeutungsgehalt überhaupt nicht. In dieser
Blindheit für die Möglichkeit echter Liebe drücken sich zugleich die Liebesunfähigkeit und emotionale Sterilität des
weißen Amerikaners aus.

Für David war das Wesen seiner Beziehung zu Giovanni von
Anfang an verwerflich--"besides, it is a crime--in my country"
(GR 62)--und so stellt seine mangelnde Hingabe den Versuch dar,
eine bestimmte puritanische Reinheit und Unschuld zu bewahren.
In dieser Tradition des 'child-man' in der amerikanischen Literatur manifestiert sich der Wunsch nach einer sich selbst
genügenden, außerhalb jeder Verpflichtung stehenden Jugendlichkeit.[14] Diese Lebenseinstellung ist jedoch zum Scheitern
verurteilt, da sie zu nur noch größerer Liebesunfähigkeit führt
und damit eine andere Art von Unmoral bewirkt. Giovannis Vor-

würfe anläßlich der Trennung von David dokumentieren dies
deutlich: "You do not ... love anyone! You have never loved
anyone, I am sure you never will! You love your purity, you
love your mirror--you are just like a little virgin. ...
You want to be clean. ... You are immoral." (GR 106)

Der Bindungslosigkeit und Liebesunfähigkeit des weißen
Amerikaners sind die Natürlichkeit und Liebesfähigkeit
Giovannis gegenübergestellt. Mit dieser kontrapunktischen
Zuordnung greift Baldwin das in <u>The Fire Next Time</u> behandel-
te Thema der Gegensätzlichkeit weißer und schwarzer Psyche
wieder auf. Raddatz spricht im Zusammenhang mit <u>Giovanni's Room</u>
von "zwei weißen Negern", versäumt jedoch hinzuzufügen, daß
dieser ambivalente Begriff sich lediglich auf Giovanni beziehen läßt, da dieser die dem Schwarzen zugeschriebenen Eigenschaften verkörpert.[15]

Gleich zu Beginn der Beschreibung des dunklen Südländers
Giovanni finden sich einige Andeutungen, die ihn als <u>symbo-
lische Negerfigur</u> erscheinen lassen: "I knew that Jacques could
only hope to conquer the boy [Giovanni] before us if the boy
was, in effect, for sale; and if he stood with such arrogance
on an auction block he could certainly find bidders richer
and more attractive than Jacques." (GR 25) Die sonst für den
Schwarzen reservierte Bezeichnung 'boy', durch die man ihn
in seiner Männlichkeit zu unterdrücken suchte, sowie der Begriff des 'auction block', der an die Sklavenverkäufe erinnert, deuten darauf hin, daß Giovanni eine derartige Rolle
zugewiesen wird. Im Gegensatz zu David ist er frei von Identitätsproblemen und verkörpert in seiner Ganzheitlichkeit
jene menschliche Reife und Erfahrung, die Baldwin in <u>The Fire
Next Time</u> als typische Wesensmerkmale des Schwarzen nannte[16]
und die Giovanni mit den Worten kennzeichnet: "I mean all the
serious, dreadful things, like pain und death and love, in
which you Americans don't believe." (GR 30)

Diese größere Lebensbreite und Lebensintensität konstituieren gleichsam Giovannis moralische Überlegenheit. Anders als David sieht er in seinem Zimmer deshalb auch kein Gefängnis, sondern für ihn stellt es ein Refugium aus einer feindlichen Umgebung dar. Die verschlossenen und verkleideten Fenster haben für ihn etwas Beschützendes, und seine Umbauarbeiten haben nur das eine Ziel, jenes Tapetengemälde von Adam und Eva in seiner symbolischen Bedeutung auch räumlich wirklich werden zu lassen. Sein Auszug aus dem Zimmer nimmt deshalb bereits Giovannis Tod symbolisch vorweg. So ist der Mord an seinem Arbeitgeber Guillaume, der ihn ausnutzte und sexuell erpreßte, abschließend auch ein Zeichen des Protestes gegen die weiße Moral und Lebensführung, die ihn, den symbolischen Neger, zugrunde richtete.

3. Der archetypische Topos der Männerfreundschaft: Das Scheitern von David und Giovanni

Der archetypischen Vorstellung einer unbefleckten Männerfreundschaft lag von Anfang an jenes Selbstverständnis des Amerikaners zugrunde, das auf ein adamisches Rollenbewußtsein abzielte.[17] In der Loslösung von der europäischen Vergangenheit und der Neuheit des eigenen Lebensbereiches, dessen Ausgestaltung noch auf keinem Erfahrungsbereich aufbauen konnte, manifestierte sich zugleich jene Form der 'innocence', die das Bild des "American as Adam"[18] prägte. Dieses paradiesisch anmutende Menschenbild erweiterte sich jedoch spätestens seit Hawthorne zu einem differenzierteren Verständnis. Die Vorstellung einer reinen Unschuld wird nun verknüpft mit dem Motiv des Falles. Diese Ausweitung bedeutete hingegen keine tragische Durchsetzung, vielmehr haftete ihr "the notion of the fortunate fall"[19] an, da dieser zum notwendigen Schritt auf dem Wege eines Reife- und Identitätsfindungsprozesses aufgefaßt wurde.

Seitdem Henry James die Dialektik von Unschuld und Erfahrung mit der geographischen Gegensätzlichkeit von Amerika und Europa verband, ist das Thema der Auswanderung zum "standard subject"[20] der amerikanischen Literatur geworden. Zum erstenmal wird bei Baldwin jedoch dieser Themenkomplex mit jenem archetypischen Motiv der Männerfreundschaft verwoben, so daß eine völlig neue Aussagedimension entsteht. Während James in seinen Romanen gewissermaßen die amerikanische Überzeugung zu testen und widerlegen sucht, daß in Europa das Individuum aufgrund der geschichtlich gewachsenen Institutionen und Bräuche unfrei sei, während der Amerikaner eine Garten-Eden-ähnliche Autonomie außerhalb der Gesellschaft erlebe, gewinnt Baldwins Roman Giovanni's Room durch seinen rassenpolitischen Symbolgehalt wie durch die Verschmelzung der beiden angesprochenen Motivbereiche die Funktion einer Gegen-Aufklärung. Der aufklärerischen Funktion eines Henry James, seiner "ceaseless analysis of the myth of America",[21] wird jetzt eine rassisch motivierte, von der Lebenswelt des Schwarzen diktierte Form der Gegen-Aufklärung entgegengestellt.[22]

So verbindet sich in der Beziehung David-Giovanni die Dialektik von Unschuld und Erfahrung mit einer Umkehrung des Huck Finn-Nigger Jim Archetypus. Während Twains Initiationsroman die zwischenrassische Männerfreundschaft noch als unkompliziert und relativ problemlos schildern kann, wächst Baldwins Darstellung gewissermaßen zu einer Entmythologisierung dieses Beziehungstyps. Vor Giovannis Hinrichtung überdenkt David die Grundlagen und die Entwicklung ihrer Beziehung: "It's true that nobody stays in the garden of Eden. ... Perhaps everybody has a garden of Eden, I don't know; but they have scarcely seen this garden before they see the flaming sword. Then, perhaps, life only offers the choice of remembering the garden or forgetting it." (GR 23) Die Initiation von der Unschuld in die Erfahrung, die für Huck Finn etwa noch in der Flucht

in den Westen abgeschlossen wird, geschieht in Giovanni's
Room hingegen nur auf Kosten des symbolischen Negers. David
als Verkörperung des amerikanischen Adam kann den Schritt
von der "innocence", jener moralischen Selbstgenügsamkeit,
die sich außerhalb jeglicher Handlungsethik wähnte, nur um
den Preis der Zerstörung des weißen Negers tun. Die Vorstellung einer unbelasteten zwischenrassischen Männerfreundschaft
scheitert an der Selbstbezogenheit des Weißen; David sieht in
Giovanni nur ein Mittel, dem er nichts geben will: "The burden
of his salvation seemed to be on me and I could not endure
it." (GR 87)

Die beiderseitige Beziehung wird deshalb auch nur scheinbar durch die Rückkehr von Davids Freundin Hella zerstört.
Davids symbolischer Sündenfall und die damit verbundene Auswirkung auf Giovanni zeigen vielmehr die Korrumpierbarkeit
einer Unschuldsvorstellung in ihrer Konsequenz für den Schwarzen. Das Scheitern der Beziehung bedeutet damit gleichzeitig
eine Zerstörung des Huck Finn-Nigger Jim Mythos, denn Davids
Versuch, der gemeinsamen Verantwortung zu entfliehen, führt
zur Vernichtung des weißen Negers und damit auch zur Vernichtung der eigenen "possibility of genuine human involvement."
(NKN 131) Die Stellung des Weißen wird dadurch nur noch problematischer. Als David nämlich am Schluß Jacques Brief, der
ihm von Giovannis Hinrichtung berichtet, zerreißt, bläst der
Wind einige Teile auf ihn zurück. Durch dieses Bild beschwört
Baldwin gleichsam die Unmöglichkeit, durch eine Negation der
gemeinsamen Erfahrung den anderen als Mittel zur eigenen Identitätsfindung zu benutzen und weist auf das Aufeinanderbezogensein hin, das unabdingbar ist.

C. Homosexualität als symbolische Gegenwelt:
Another Country

Ähnlich wie in Giovanni's Room besteht auch das Personengefüge des 1962 erschienenen Romans Another Country im wesentlichen aus gesellschaftlichen Außenseitern, die sich in einem subkulturellen Milieu bewegen. Dieser außerhalb der normalen gesellschaftlichen Alltagswelt existierende Lebensbereich scheint es möglich zu machen, zum erstenmal zwischenrassische Paare vorzuführen und deren Schwierigkeiten und Probleme im Zusammenleben zu thematisieren.

Das angesprochene Randgruppendasein zieht jedoch nicht nur einen Gewinn an Freiheit und Unbeschwertheit nach sich. Das Konnotationsfeld des Wortes 'Bohème' schließt nämlich auch Begriffe wie "Elend", "Armut" und "Verzweiflung"[23] ein. Diese begriffliche Ambivalenz spiegelt gleichzeitig eine wichtige inhaltliche Ambivalenz im Hinblick auf das Schicksal der Romanfiguren wider, denn nicht alle Charaktere erfahren in ihrer Außenseiterposition persönliches Glück und Freiheit. In der begrifflichen Doppeldeutigkeit kommt ein mögliches Daseinsspektrum zum Ausdruck, das sowohl die bereits bekannte Form der Opferrolle wie auch die in Go Tell It on the Mountain angedeutete und in Giovanni's Room gescheiterte Möglichkeit individueller Freiheit umfaßt. In Another Country dagegen wird erstmals der Versuch unternommen, die begriffliche Ambivalenz aufzulösen, indem die beiden Lebenswelten, die vorher rassisch strikt getrennt waren, nun verknüpft werden.

Diese Verbindung läßt sich jedoch nur auf dem Hintergrund der in Giovanni's Room erörterten Symbolik der Homosexualität verstehen. Die dort geschilderte besondere Außenseitererfahrung des weißen Homosexuellen, die ihn zum symbolischen 'weissen' Neger werden ließ, wird jetzt zu einer kontrastiven Ergänzung der Lebenswelt des weißen Amerikaners sowie des zwischenrassischen Bohèmemilieus. Die Besonderheit der Lebenswelt des weißen Homosexuellen wächst so zu einer symbolischen Gegenwelt--"Another Country"--zu dem weißen, als puritanisch empfundenen Amerika.

Dieser Deutungszusammenhang macht zugleich deutlich, daß die angesprochenen subkulturellen Sinnwelten[24] ausschließlich symbolischer Natur sind, d.h. daß ihnen keine inhaltlichen Qualitäten innewohnen. Die so gewonnene symbolische Gegenwelt stellt deshalb keinen alternativen Wirklichkeitsentwurf dar, so daß das Überschreiten der gesellschaftlich bedingten Rassentrennung auf diese selbst nicht zurückwirkt, da aufgrund des Symbolcharakters sich kein Projektionsrahmen für zukünftige Handlungsweisen ergeben kann.

1. Die Bedeutung der Erzählstruktur für den Romaninhalt

Das angesprochene Fehlen einer alternativen Sinnwelt scheint, erzähltechnisch gesehen, in der für die Bohèmedarstellung typischen Betonung des Einzelteils und der Episode[25] zu liegen. Aufgrund dieser erzähltechnischen Eigentümlichkeit, die sich hier vor allem am ständigen Wechsel der Erzählperspektiven zeigt, gibt es weder eine zentrale Hauptfigur noch einen durchgängien Plot. An die Stelle einer linearen Geschehnisentwicklung, wie sie sich etwa in <u>Giovanni's Room</u> vollzog, ist in <u>Another Country</u> eine Aneinanderreihung von Einzelteilen getreten, die die Bewußtseinsinhalte der einzelnen Figuren in ihrer Reaktion auf den Selbstmord des schwarzen Jazzschlagzeugers Rufus Scott vorführen.

Von dessen verzweifelter Suche nach menschlichem Kontakt berichtet "Easy Rider", das erste Buch des dreiteiligen Romans. Rufus' Versuch, in seinem Zusammensein mit der weißen Leona die erstrebte Liebe zu finden, scheitert. Auch sein weißer Freund Vivaldo Moore, ein mittelloser Schriftsteller, vermag ihm nicht die nötige emotionale Hilfe zu gewähren.

Eine ähnliche Blindheit gegenüber Rufus' Situation zeigt auch das weiße Schriftstellerehepaar Richard und Cass Silenski, die mit ihm befreundet sind. Durch Rufus' Tod werden die genannten Charaktere gezwungen, ihr persönliches Verhältnis sowie ihr Versagen ihm gegenüber einer Prüfung zu unterziehen. Diese Prüfung bildet eine der zentralen Themen der weiteren Romanteile "Any Day Now" und "Toward Bethlehem."

Durch die Einführung des weißen Homosexuellen Eric Jones, eines früheren Freundes von Rufus, wird der Personenkreis zu Beginn des zweiten Romanteils entscheidend erweitert. Zwischen Cass und Eric entwickelt sich eine Affäre, die ihre Ehe zu Richard stark gefährdet. In ähnlicher Weise ist Vivaldos Zusammenleben mit Rufus' Schwester Ida durch deren zeitweiliges Verhältnis zu ihrem weißen Manager Steve Ellis in Frage gestellt. Zwar kommt es zu einer klärenden Aussprache, doch bleibt es offen, ob Idas und Vivaldos Zusammenleben eine Zukunft haben wird.

Der hier kurz skizzierte Inhalt deutet an, daß in <u>Another Country</u> die Möglichkeiten individueller Entfaltung und innerem Wachstum äußerst problematisch sind. Charakteristisch ist eine Ruhelosigkeit im Erzählablauf, der eine Sprunghaftigkeit und das Fehlen einer klaren Systematik zur Folge hat. Diese rein formale Erscheinung wiederum unterstreicht auf anschauliche Weise, daß sich in der "durativen Bohèmeexistenz" mit ihrem Mangel an Gradlinigkeit eine "Daseinszuständlichkeit (ausdrückt), die ... im wesentlichen nicht überwindbar ist."[26]

Dieser Eindruck der Unüberwindbarkeit liegt, so scheint es, in der Addition der Einzelteile begründet. Die so entstehende <u>Situationsdominanz</u> verkürzt die Bewußtseinsinhalte der einzelnen Perspektiventräger auf Augenblickliches, in dem dann meistens keine sinnverleihenden Qualitäten mehr zu erkennen sind. Der Augenblickscharakter nimmt dabei etwas Unabdingbares an, so daß, wie schon in <u>Go Tell It on the Mountain</u> und <u>Giovanni's Room</u> der Einzelne unfähig wird, gestaltgebend in die Wirklichkeit einzugreifen. Diese fehlende Gestaltungskraft, die sich in <u>Giovanni's Room</u> in der Fenstersymbolik zeigte, wird hier in einer in Situationsmomente aufgelösten Wirklichkeit, die die Charaktere nicht zu überwinden vermögen, zum Ausdruck gebracht.

1.1. Das Verhältnis des Erzählers zu den Romanfiguren

Der unvermittelte Einsatz der Gegenwartserzählebene zeigt den ziellos herumwandernden Rufus im nächtlichen New York. Ähnlich wie Davids Ausgangssituation ist auch seine Lage durch Einsamkeit, Verzweiflung und existenzielle Gefährdung gekennzeichnet: "He was so tired, he had fallen so low, that he scarcely had the energy left to be angry; nothing of his belonged to him anymore. ... He was hungry, his mouth felt filthy. ... And he was broke. And he had nowhere to go." (AC 2) Diese auktoriale Eingangsbeschreibung verdichtet sich noch in der Schilderung der nachfolgenden Straßenszene und nimmt zu an dramatischer Intensität:

> Beneath them Rufus walked, one of the fallen--for the weight of the city was murderous--one of those who had been crushed on the day, which was every day, these towers fell. Entirely alone, and dying of it, he was part of an unprecedented multitude. There were boys and girls drinking coffee at the drugstore counters who were held back from his condition by barriers as perishable as their dwindling cigarettes. They could scarcely bear their knowledge, nor could they have borne the sight of Rufus but they knew why he was in the street tonight, why he rode subways all night long, why his stomach growled, why his hair was nappy, his armpits funky, his pants and shoes too thin, and why he did not dare to stop and take a leak. (AG 3)

Daß die Zufälligkeit seiner Daseinsverfassung so betont wird, läßt Rufus umso stärker zu einer symbolischen Verkörperung des Gescheiterten werden. Damit erscheint er von Anfang an als Opfer und als solcher als Paradigma von Vereinzelung und Einsamkeit. Die Zufälligkeit seiner Situation wird noch durch das Bild der langsam verfallenden Zigarette unterstrichen, die den Unterschied zwischen Elend und Sicherheit auf die kurze Lebensspanne einer Zigarette reduziert. Rufus' Lage wird zur symbolischen Existenz schlechthin und läßt ihn zu einer sinnbildlichen Verkörperung des Scheiterns werden. Sein Negerdasein wird so zum extremen Beispiel einer bestimmten Daseinsverfassung. Diese Existenzweise erscheint gleichzeitig als unüberwindbare Bürde, deren Ausweglosigkeit besonders durch die fehlende Hilfsbereitschaft und durch das Desinteresse der Restaurantbesucher hervorgehoben wird. Die bildliche Sprache der Straßenszene nimmt dadurch nicht nur bereits das Schicksal des Helden vorweg, sondern sie verweist darüber hinaus auch durch ihren leitmotivischen Charakter auf die übrigen Beziehungen hin.

Diese leitmotivische Folie bestimmt ganz das Verhältnis von Rufus zu seinem engsten Freund Vivaldo. Als er jenen in seiner Verzweiflung schließlich aufsucht, ist auch Vivaldo unfähig, Rufus' tatsächliche Lage begreifen und ertragen zu können: "He [Vivaldo] was tired--tired of Rufus' story, tired of the strain of attending, tired of friendship. He wanted to go home and lock his door and sleep. He was tired of the troubles of real people. He wanted to get back to the people he was inventing, whose troubles he could bear." (AC 56)

Vivaldos Wunsch, in die eigene ästhetische Scheinwelt zurückzufliehen, offenbart die Grundlage ihrer Beziehung und läßt sein Verhältnis zu Rufus als eine Art <u>Scheinbezug</u> erscheinen, dem tieferes Engagement und Verstehen fehlen.

Diese Art von persönlichem Beziehungsverhältnis kennzeichnet auch die übrigen Kontakte in jener Nacht und muß daher als direkter Auslöser von Rufus' Suizid angesehen werden. Doch stellt dieser Selbstmord nicht nur eine Reaktion auf das fehlende

Verständnis seiner weißen Freunde dar. Die Handlungsweise
weist vielmehr über sich hinaus und symbolisiert das totale
Rückzugverhalten des Schwarzen aus der Gesellschaft. Der passive Weltbezug, den <u>Giovanni's Room</u> vorführte, scheint zumindest hier für den Schwarzen nicht länger möglich zu sein, da
ihm die eigene Lebensgestaltung unabhängig vom Weißen verwehrt ist. Und erweist sich der Weg in die Innerlichkeit, so
wie er etwa später in <u>Tell Me How Long the Train's Been Gone</u>
beschritten wird, als versperrt, so bleibt offensichtlich
nur noch eine gegen sich selbst gerichtete Aktion. Diese drastischste Form der Abwendung von der Gesellschaft wählt Rufus.
Für ihn wird sie zum Ausweg aus einer Gemeinschaft, die ihm
nichts mehr zu sagen hat, weil er selbst in ihr nichts zu sagen hat. Der Suizid wird so zur letzten verzweifelten Handlung
im Zustand der Handlungshemmung,[27] er wird zur letzten Handlungsmöglichkeit, die dem seiner Gemeinschaft entfremdeten
Schwarzen bleibt.

Nach Rufus' Tod wechselt die Erzählperspektive zu den
erlebten Eindrücken von Cass bzw. Vivaldo. Dieser Wechsel, der
kennzeichnend ist für die Episodenstruktur des Romans, eröffnet eine Möglichkeit zur Besinnung und Auseinandersetzung. Auf
der gemeinsamen Taxifahrt zu Rufus' Beerdigung wird jedoch
deutlich, daß sowohl Cass wie auch Vivaldo zu dieser Auseinandersetzung nicht fähig sind. Den persönlichen Gedanken,
denen die beiden in Form von erlebten Reden nachhängen, wird
die schmutzige Wirklichkeit Harlems gegenübergestellt: "Nothing
they passed was unfamiliar because everything they passed was
wretched. ... The doors had not always brought to mind the
distrust and secrecy of a city long besieged. At one time
people had cared about these houses--that was the difference;
they had been proud to walk on this Avenue; it had once been
a home, whereas now it was prison. Now, no one cared: this
indifference was all that joined this ghetto to the mainland."
(AC 90)

Diese vom auktorialen Erzähler beschriebene 'objektive' Aussenwelt existiert unabhängig von den persönlichen Eindrücken der Perspektiventräger. Die Tatsache, daß der Erzähler besonders betont, daß Cass und Vivaldo mit der Armseligkeit und Erbärmlichkeit der Außenwelt vertraut sein müßten, während der Erzähler selbst diese Außenwelt schildert, deutet auf die für diesen Roman eigentümliche Erzählform hin. Neben der Erlebniswelt der Perspektiventräger existiert die Außenwelt des auktorialen Erzählers, die immer dann in den Vordergrund geschoben wird, wenn aus der Lebenswelt der Schwarzen berichtet wird. Es entsteht dadurch der Anschein, als mißtraue der Erzähler seinen weißen Perspektiventrägern oder aber als wolle er durch die Begrenzung des Bewußtseins ihr prinzipielles Unverständnis zum Ausdruck bringen.

Die Mischung von erlebendem Bewußtsein und Erzählerkommentaren kommt auch in Vivaldos Versuch einer Rückbesinnung auf sein Verhältnis zu Rufus zum Ausdruck. Nach einer durcharbeiteten Nacht steht er an seinem Fenster und beobachtet das morgendliche Straßengeschehen. Die einzelnen Eindrücke entwickeln sich zu Assoziationsträgern, die Bildlichkeiten von Einsamkeit und Verzweiflung heraufbeschwören. Diesen Zustand hatte er vergeblich durch sexuelle Kontakte in Harlem zu verdrängen gesucht: "His dangerous, overwhelming lust for life had failed to involve him in anything deeper than perhaps half a dozen extremely casual acquaintanceships in about as many bars. ... He knew that Harlem was a battlefield and that a war was being waged there day and night--but of the war aims he knew nothing. ... It was due to the fact that one knew of battles only what one had accepted of one's own." (AC 104)

Auch hier wird das erlebende Bewußtsein des Perspektiventrägers an entscheidenden Stellen durch die Interventionen des Erzählers ergänzt. Vivaldos gedankliche Rückbesinnung bleibt dadurch notgedrungen begrenzt und zeigt ein gleichsam 'naives'

Bewußtsein, das unfähig zur Selbsterkenntnis ist. Diese Unfähigkeit hatte Baldwin dem weißen Amerikaner bereits in The Fire Next Time vorgeworfen. Sie kehrt hier in erzähltechnischer Ausgestaltung wieder und offenbart die von dem Autor angeprangerte Verständnislosigkeit, Ziellosigkeit und Oberflächlichkeit des weißen Amerikaners. Diese Charakteristika schließen bezeichnenderweise auch den gesellschaftlichen Aussenseiter ein, dessen Lebenswelt sich letztlich nicht qualitativ von dem des weißen Bürgertums unterscheidet: "He was just a poor white boy in trouble and it was not in the least original of him to come running to the niggers. This sentiment had sometimes seemed to stare out at him from the eyes of Rufus." (AC 105)

Damit gibt es auch innerhalb des Bohèmemilieus keine eigentliche Verständigungsmöglichkeit. Jenseits der gemeinsamen Erfahrung gesellschaftlichen Außenseitertums liegt die schier unüberwindbar erscheinende Schranke der Rassenzugehörigkeit: "Perhaps they had been afraid that if they looked too closely into one another each would have found ... the abyss. Somewhere in his heart the black boy hated the white boy because he was white. Somewhere in his heart Vivaldo had feared and hated Rufus because he was black." (AC 105)

Der hier verkündete Pessimismus, ja sogar Fatalismus bezüglich einer Verständigungsmöglichkeit hat im Blick auf die Erzähltechnik seine Wurzel in dem begrenzten Bewußtsein des weißen Perspektiventrägers. In der Diskrepanz zwischen Erzählerbericht und subjektivem Erleben stellt sich die Unfähigkeit zur Daseinsbewältigung dar. Gleichzeitig demonstriert Baldwin damit seine Hoffnungslosigkeit hinsichtlich der Lernfähigkeit des weißen Amerikaners. Ein derartiges Urteil wird durch die dargestellten erzähltechnischen Merkmale insofern noch begünstigt, als der etwa kapitelweise stattfindende Perspektivenwechsel praktisch jede Chance einer gründlichen gedanklichen

Auseinandersetzung verbietet.

Mit Ausnahme Erics und Vivaldos, der durch seine spätere Beziehung zu Rufus' Schwester Ida seine Lebenseinstellung verändern wird, werden die übrigen weißen Romanfiguren so zu <u>Versatzstücken</u>, denen lediglich eine Kulissenfunktion zukommt. Da die Konfrontation mit Rufus' Tod bedeutungslos bleibt, wird auch dessen frühes Sterben im Hinblick auf den Roman als Ganzes fragwürdig und aufgrund der erzähltechnischen Darbietungsweisen sogar funktionslos, zumal er nicht jenen Reflexionspunkt bietet, den die anderen Figuren zu bewältigen hätten und an dem sie sich entwickeln könnten.

Diese ästhetische Schwäche liegt, so scheint es, an der kompositionellen Unzulänglichkeit des Romans. So bleibt die nach Aufgabe einer linearen Geschehnisentwicklung gewonnene Möglichkeit einer filmischen Darbietungstechnik, welche die einzelnen Episoden als um den Selbstmord gruppiert aufnehmen und in immer neuen Aspekten hätte beleuchten können, ungenutzt. Stattdessen vermittelt der Roman unverbundene Einblicke in die Verhaltensweisen und Lebensbereiche der einzelnen Charaktere sowie ein loses Beziehungsgeflecht, das allenfalls durch die gemeinsame Suche nach Liebe und Verständnis zusammengehalten wird.

2. Die Welt der zwischenrassischen Beziehungen

2.1. Das Scheitern von Rufus und Leona

<u>Go Tell It on the Mountain</u> demonstrierte an den Lebensgeschichten von Gabriel, Elisabeth und Florence die mittelbare Gefangenschaft und Abhängigkeit des Schwarzen in einer von Weißen dominierten Umwelt. Auf dieses überpersönliche Lebensgesetzt bot der Roman als eine Auswegmöglichkeit die Suche nach bzw. Hoffnung auf Liebe an. In <u>Another Country</u> wird diese Thematik wieder aufgegriffen und durch den Rückgriff auf die

musikalische Tradition des Schwarzen entscheidend erweitert:
> A nigger ... lives his whole life, lives and dies according to a beat. Shit, he humps to that beat and the baby he throws up in there, well, he jumps to it and comes out nine months later like a goddam tambourine. The beat: hands, feet, tambourines, drums, pianos, laughter, curses, razor blades; the man stiffening with a laugh and a growl and a purr and the woman moistening and softening with a whisper and a sigh and a cry. The beat--in Harlem in the summertime one could almost see it, shaking above the pavements and the roof. (AC 4/5)

Der Beat, der sich aus dem Jazz und Blues entwickelte, stellt hier ein kulturelles Daseinssymbol dar, das den gesamten Lebensrhythmus des Schwarzen umgreift und dessen Konnotationsfeld Gewalttätigkeit, aggressive Sexualität und Suche nach Liebe ausdrückt. Faßt man den Rhythmus dieser Musik als Analogon zum Leben auf, dann erlebt der Schwarze in und durch diese Musik gleichsam seine eigene Genese--der Beat erscheint so als ursprüngliche Daseinsverfassung.

Diese Daseinssymbolik bestimmt auch das Zusammentreffen von Leona und Rufus, der als Schlagzeuger in einer Band tätig ist:
> And during the last set, he [Rufus] came doubly alive because the saxophone player ... took off on a terrific solo. He stood there, ... screaming through the horn Do You love me? Do you love me? Do you love me? ... This, anyway, was the question Rufus heard, the same phrase, unbearably endlessly and variously repeated with all the force the boy had. ... And yet the question was terrible and real; the boy was blowing with his lungs and guts out of his own short past; somewhere in that past ... he had received a blow from which he never would recover and this no one wanted to believe. (AC 6)

Die Sprache betont hier eindringlich die lebensgestaltende Kraft der Musik und erinnert durch den Begriff des Blasens stark an den biblischen Schöpfungsmythos. Doch ist "blow" ganz im Sinne der Doppelbedeutung des Blues ambivalent zu verstehen. Insbesondere die letzte Zeile macht deutlich, daß in der Musik neben dem lebenstiftenden Element die gesamte bedrückende Lebenserfahrung des Schwarzen, von der er sich nie mehr erholen kann,

zum Ausdruck kommt. Damit steht der Saxophonist, der durch
sein Spielen leitmotivisch die zentrale Thematik des Buches
ausdrückt, stellvertretend für alle übrigen Charaktere:
"Essentially the saxophonist with his profound need, his
inability to communicate except indirectly, and the hurt
which prevents him from accepting the love he needs, is the
personification of each of the characters in the book."[28]

Jedoch erschöpft sich die Bedeutung der Jazzband bzw. der
Musik nicht nur in der leitmotivischen Folie für das Personen-
geflecht. Durch den Rückgriff auf die Jazzband und die Figur
des schwarzen Musikers nimmt Baldwin gleichzeitig typisch
schwarzes Kultur- und Gedankengut auf und ordnet es in einen
bestimmten zwischenrassischen Kontext ein.

Ralph Ellison bezeichnete einst die Jazzband als "marvel
of social organisation", welche sich insbesondere auszeichnet
durch "the delicate balance struck between strong individual
personality and the group."[29] In der Band als einer Art sym-
bolischem schwarzen Mikrokosmos vollzieht sich gleichzeitig
die Identitätsfindung des Schwarzen "as individual, as member
of the collectivity and as a link in the chain of tradition."[30]
Diese befreiende Kraft der Musik, die sich im Wechselspiel des
Einzelnen mit der Gruppe entwickelt, läßt den Musiker zum In-
terpreten und Bedeutungsträger der schwarzen Lebenswelt werden,
da die Musik in besonderer Weise als ursprünglich gelten kann:
"Music is a metaphor and symbol standing ... for history and
heritage and the acceptance of one's self in a positive and
regenerating relationship to that heritage."[31] Der Musiker
wird damit zu einem Leitbild, das die Hoffnungen, Wünsche
aber auch Gefährdungen der Schwarzen symbolisch verkörpert:
"he is the hope of making it in America and the bitter mockery
of never making it well enough to escape the danger of being
Black."[32]

Die Kurzgeschichte <u>Sonny's Blues</u> protrātiert noch diese Einheit des Solisten mit der Gruppe und weist damit auf die Verbindung des Einzelnen zur schwarzen Gemeinschaft hin. Sonny, der dem

legendären Jazzsaxophonisten Charlie Parker nacheifert, erfährt durch seine Beschäftigung mit der Musik sowie durch seine Gruppenzugehörigkeit jene Ichstärke, die ihn trotz des Elends seiner Lebensumstände Stabilität und Hoffnung finden läßt: "Then they all gathered around Sonny and Sonny played. ... Sonny's fingers filled the air with life, his life. ... It was very beautiful because it wasn't hurried and it was no longer a lament. I seemed to hear with what burning he had made it his, with what burning we had yet to make it ours, how we could cease lamenting. Freedom lurked around us and I understood, at last, that he could help us to be free if we would listen, that he would never be free until we did." (GMM 123) Waren für Sonny die Musik sowie seine Zugehörigkeit zur Band die Quelle seiner Freiheit, so versiegt dieser Quell für Rufus durch seine Verbindung mit Leona. Die Beziehung des schwarzen Mannes zu der weißen Frau bekommt damit eine "ritualistic quality",[33] da sie ihn der eigenen Gruppe entfremdet. Der Austritt aus dem schwarzen Mikrokosmos zieht einen Verlust an Identität nach sich; er bedeutet die Rückkehr in ein Existenzchaos, das durch die Musik aufgehoben und dadurch erträglich geworden war.

Dieser Interpretationszusammenhang macht zugleich deutlich, daß die Freiheit des einzelnen Schwarzen im Sinne der Band im gegenseitigen Verständnis und im gemeinsamen Wirken liegt. Die Identität ist entscheidend mit der Gruppe verknüpft, so daß bei einem Verlust der Gruppe gleichzeitig ein Identitätsverlust eintritt. Die Existenzfähigkeit des Schwarzen erscheint dadurch unmittelbar an die Gemeinschaft gebunden. Ein autonomes, außerhalb der schwarzen Lebenswelt existierendes Individuum war für Baldwin zumindest zu Beginn der 60er Jahre noch undenkbar gewesen. Eine derartige Existenzmöglichkeit deutet dann aber der Ende der 60er Jahre erschienene vierte Roman an und weist so auf die rassenpolitische Entwicklung hin.

Bereits der Hinweis auf Charlie Parkers Musik--"the horn of Charlie Parker, coming over the hi-fi, dominated all the voices in the room" (AC 10)--zu Beginn des Zusammenseins von Rufus und Leona stellt ein verweisendes Zeichen dar, das die Richtung ihrer Beziehung vorausdeutet. Wie jener Musiker, dessen Persönlichkeit Ralph Ellison beschrieben hat als "a <u>sacrificial figure</u> whose struggles against personal chaos, on stage and off, served as entertainment for a ravenous, sensation-starved, culturally disoriented public which had but the slightest notion of its real significance,"[34] leidet auch Rufus so sehr unter der verletzenden Unwissenheit seiner weißen Umwelt, daß er seinen Austritt aus dem schwarzen Mikrokosmos damit bezahlen muß, daß er zum Opfer ihrer Blindheit wird. Bezeichnenderweise steht ihr Zusammensein nicht länger unter dem Eindruck jener musikalischen Ursprünglichkeit und Sinnstiftung, die nur die Band vermitteln kann; so wie die Musik durch Technik ("hi-fi") vermittelt wird, verliert auch die Beziehung zu Leona an Unmittelbarkeit.

Aus dem 14jährigen John Grimes wurde so der Schlagzeuger Rufus Scott, der immer noch nicht die Liebe gefunden hat, die die Homosexualität als Möglichkeit verheißen hatte und die im Zusammensein mit dem weißen Amerikaner David gescheitert war. Ähnlich wie John ist auch Rufus ein Suchender und ähnlich wie Giovanni ist er gleichzeitig ein Opfer. Als Suchender glaubt er in der Verbindung zu der weißen Leona die ersehnte Liebe zu finden. An die Stelle der homosexuellen zwischenrassischen Beziehung, deren Fehlschlag <u>Giovanni's Room</u> schilderte, tritt nun die heterosexuelle Beziehung als Chance zur Überwindung individueller und sozialer Problematiken.

Die erste Begegnung von Rufus und Leona fällt direkt in den Rahmen des musikalischen Leitmotivs. Ausgangspunkt ihrer Beziehung ist Rufus' Sehnsucht nach befreiender Liebe. Diese Sehnsucht nach echter Zwischenmenschlichkeit wird jedoch über-

lagert durch zwei weitere Komponenten, die gerade auch den
Beat entscheidend charakterisieren: Sex und Gewalt. Bereits
während ihres ersten Liebesaktes dominieren bei Rufus gewalt-
tätige Vorstellungen: "Under his breath he cursed the milk-
white bitch and groaned and rode his weapon between her
thighs." (AC 17)

Die Sprache durchbricht hier nicht nur das Tabu zwischenrassischer Sexualität und opponiert dadurch gegen das gesellschaftliche Wertsystem, sondern demonstriert in dem gleichsam
kriegerischen Konnotationsfeld der Begriffe ebenso sehr die
tatsächlichen Grundlagen des Zusammenseins. Damit wird auch
die intimste Form des Zusammenseins zur gewalttätigen Auseinandersetzung.

Gewalttätigkeit und aggressive Sexualität als grundlegende Merkmale seiner Lebensführung nehmen fast proportional zur
Intensität und Dauer der Beziehung mit Leona zu. Zwar scheint
es zunächst, als verfüge Rufus im Gegensatz etwa zu Wrights und
Ellisons Protagonisten über echte Kontakte zur Welt der Weißen,
da sich aus ihr seine engsten und einzigen Freunde rekrutieren.
Insbesondere Leona ist geradezu eine "idealized creation, as
free from racial consciousness as it is possible to be."[35]
Doch ist es gerade diese idealtypische Vorurteilslosigkeit,
die für Rufus so unerträglich wird, da sie für ihn fast synonym
ist mit Unwissenheit und fehlendem Verständnis.

Deutlich wird dies vor allem während des gemeinsamen Spazierganges mit Leona und Vivaldo in Greenwich Village. Als
Schwarzer ist er in diesem Bohèmemilieu lediglich geduldet--
für ihn ist dieser Stadtteil nicht "the place of liberation".
(AC 22) Der Schein einer liberalen Atmosphäre verstärkt im Gegenteil nur sein Haßgefühl: "Then Rufus resented all of them.
He wondered if he and Leona would dare to make such a scene in
public, if such a day would ever come for them. No one dared to
look at Vivaldo, out with any girl whatever, the way they looked

at Leona. The lowest whore in Manhattan would be protected
as long as she had Vivaldo on her arm. This was because Vivaldo was white." (AC 24) Das eindruckhafte Erleben, das sich
bezeichnenderweise in dieser ganzen Szene in Rufus' Perspektive vollzieht, deutet die prinzipielle Unfähigkeit, einander
zu verstehen an, welche in der fast dichotomen Unterschiedlichkeit der Erfahrung derselben Umwelt zum Ausdruck kommt.

Die Art der Erlebnisweise von Rufus unterstreicht, daß
sich der Schwarze der Welt nicht länger als einer Vielfalt von
Wirklichkeiten bewußt ist. Vielmehr dominiert in seiner Alltagswelt eine Wirklichkeitsordnung, deren Phänomene gewissermaßen
rassisch vorsortiert sind und sich über den persönlichen Erfahrungsbereich legen. Die Wirklichkeit der Alltagswelt erscheint dadurch vom Bewußtsein objektiviert und der zwischenrassischen Intersubjektivität enthoben.[36] Die Lebenswelt des
Einzelnen wird so zu einem nicht länger mitteilbaren Sachverhalt, der von der Unmöglichkeit zwischenrassischer Gemeinsamkeit kündet. Die erzähltechnisch bewirkte Dominanz des subjektiv Erlebten läßt keine Korrespondenz der Welterfahrungen zu, so
daß es nicht zu einer gemeinsamen Auffassung der Wirklichkeit
kommen kann.

Diese Unterschiedlichkeit im Erlebens- und Verstehensbe-
reich erfährt jeweils einen bestimmten Höhepunkt in der Art der
Gesprächsstruktur. Direkt im Anschluß an das angeführte eindruckhafte Erleben von Rufus entwickelt sich folgendes Gespräch
über die gegenseitigen wirtschaftlichen Schwierigkeiten:

> Vivaldo sighed. 'I'm worried about me. I'm in the wrong
> profession--or rather, I'm not. In it, I mean. Nobody
> wants to hear my story.' Rufus looked at him. 'Don't
> let me start talking to you about my profession.' 'Things
> are tough all over', said Vivaldo. ... 'Nobody ever has
> to take up a collection to bury managers or agents',
> Rufus said. 'But they sweeping musisians up off the
> streets every day.' 'Never mind', said Leona gently,
> 'they ain't never going to sweep you up off the streets'.
>
> She put her hand on his head and stroked it. He reached
> up and took the hand away. (AC 30)

Dieser Ausschnitt offenbart die für <u>Another Country</u> typische Form einer <u>monologischen Gesprächsstruktur</u>. Die jeweils Antwort und Verständnis erheischenden Aussagen von Rufus und Vivaldo blocken sich gegenseitig ab. Die Flucht in Allgemeinplätze--"Things are tough all over"-- ist dabei nur ein Kennzeichen dieser Einseitigkeit. Noch bedeutsamer hingegen ist die Tatsache, daß die Gedanken des Anderen nicht aufgegriffen und beantwortet werden. Jeder hört nur sich selbst zu und redet sozusagen im Wechsel mit dem Anderen über die eigenen Probleme. So antwortet Rufus auf die Schwierigkeiten von Vivaldo durch die Andeutung eigener Probleme. Damit bleiben die Gedanken jedoch im Bannkreis des jeweils Sprechenden--ein Austausch findet nicht statt. Diese mangelnde Ausdifferenzierung eines Redegegenstandes verleiht dem Gespräch seinen monologischen Charakter und unterstreicht damit die Kommunikations- und Verständnisarmut. Leonas sentimentale Beschwörung sowie Rufus' Reaktion darauf dokumentieren dies abschließend überdeutlich. Dabei wirken ihre offensichtliche Naivität und Unwissenheit geradezu wie dramatische Ironie, denn Rufus ist bereits so stark gefährdet, daß er kurz vor dem Freitod steht, und der Leser weiß nach der Lektüre der Eingangsszene schon um sein Schicksal. In der Diskrepanz zwischen dem Mehrwissen der Leser und der Unwissenheit der Romanfiguren zeigt sich damit wiederum jene Form der Unvermeidbarkeit, die den existenziellen Determinismus in <u>Giovanni's Room</u> ausmachte.

Als Schwarzer leidet Rufus unter der für ihn unerträglichen Spannung von individueller und sozialer Existenz, wie sie beispielsweise in der Unterschiedlichkeit der Umwelterfahrungen während des Spazierganges zum Ausdruck gekommen ist. Dieses unausbalancierte Verhältnis von privater und sozialer Existenz ist das grundlegende Merkmal seines Daseins. Als Schwarzer hat er "... no completely private life, no uniquely personal relationships. Everywhere he carries with him the

image which the American society has made of him, and he
knows that this image exists in the minds of those who love
him, even though it might be in the form of a rejected fantasy."[37]

Aufgrund seiner Hautfarbe wird Rufus damit zum Verfehmten und als solcher zum Opfer einer Gesellschaft, deren Rassenhaß auch seine private Existenz determiniert. Als sozial geächtetes Individuum, das zu keiner freien Gestaltung des eigenen Lebensbereiches findet, wird er gleichzeitig zum Symbol des sich selbst entfremdeten Individuums und "emblematic of existential man."[38]

Durch diese symbolische Ausweitung gelingt es Baldwin, seine Darstellung jenseits der rassenpolitischen Tagesaktualität anzusiedeln. Indem er den Schwarzen zum symbolischen Rollenträger der 'conditio humana' macht, wird es möglich, die Ebene der ausschließlich rassischen Auseinandersetzungen zu verlassen.

Die so gewonnene neue Aussagedimension wirkt jedoch auf die inhaltliche Ausgestaltung nicht zurück, da das Überschreiten der Rassenschranken ohne einen transzendentalen Rahmen geschieht, der für die Problematik fruchtbar gemacht werden könnte. Ebenso wenig wie die Symbolik der homosexuellen Gegenwelt keinen alternativen Wirklichkeitsentwurf darstellt, eröffnet auch die Überwindung rassenpolitischer Enge keine neuen Bezüge. Diese Unzulänglichkeit scheint, erzähltechnisch gesehen, an dem durchgängigen Strukturprinzip des ständigen Perspektivenwechsel zu liegen. Da die daraus resultierenden isolierten subjektiven Erlebnisweisen nicht von einem übergreifenden Standpunkt aus zusammengehalten werden, erscheinen die beschränkten Erzählstandpunkte augenblicksbefangen und situationsbeherrscht. Dieser Augenblickscharakter offenbart eine zukunftslose Welt, in der gemeinsames zielgerichtetes Handeln unmöglich zu sein scheint. Als einziger Ausweg bleibt Baldwin so nur noch der Rückgriff auf die Liebe als private Lösungsmöglichkeit. Diese Thematik bildet dann auch die Grundlage der Beziehung von Ida und Vivaldo, die einer "Reinkarnation mit vertauschten Rollen"[39] gegenüber der Beziehung von Rufus gleichkommt, allerdings auf einer Ebene, die Wachstum und schließlich auch Verständnis einschließt.

2.2. Die Schwarze als Ausbilderin: Ida und Vivaldo

Das erste Wiedersehen von Ida und Vivaldo nach vielen Jahren steht ganz unter dem Vorzeichen von Rufus' Verschwinden. Dieser äußere Anlaß stellt den gemeinsamen Bezugspunkt dar, der die beiden zusammenbringt. Die Art der Einführung von Ida läßt gleichzeitig darauf schließen, daß ihre Beziehung zu Vivaldo in umgekehrter Analogie zu der zwischen Rufus und Leona zu sehen ist. Im Gegensatz zur schlichten und unattraktiven Leona--"her damp, colourless face, the face of the Southern poor white, and her straight, pale hair" (AC 7)-- wird die Schönheit von Ida vom Erzähler überbetont: "Ages and ages ago, Ida had not merely been the descendant of slaves ... She had once been a monarch." (AC 5) Diese konstrastierende Beschreibung zweier Personen durch Signalwirkung tragende Attribute verkürzt beide Figuren zu Typen, in deren eindruckhaftem Erleben die Erzählperspektive bezeichnenderweise nie liegt; diese Schablonisierung der Darstellung deutet eine gewisse mangelnde ästhetische Distanz des Autors an.

Der einseitig überbetonten schwarzen Schönheit entspricht Baldwin zufolge eine ebenso einseitig betonte größere Lebensstärke der schwarzen Frau. Dem Typ der armen Weißen aus dem Süden, die dem Schwarzen nur Unglück bringt, wird der Typ der lebensstarken und lebensfähigeren schwarzen Frau als Kontrastfigur gegenübergestellt. Der schwarzen Frau kommt damit gleichsam eine Mutter- und Erzieherrolle zu, da nur sie aufgrund ihrer moralischen und existenziellen Überlegenheit den Weissen aus seiner Unwissenheit und Selbstentfremdung befreien kann.[40]

Vivaldo, der aus einem Brooklyner Slumviertel stammt, verkörpert durch sein Dasein als mittelloser Schriftsteller den Typ des armen Bohèmien, der durch eine Teilzeitbeschäftigung in einem Buchladen mühsam seinen Lebensunterhalt bestreitet. Bezeichnenderweise ist er aber nicht ein existenzialistischer Held im Mailerschen Sinne,[41] dessen "Verhältnis zur Umwelt" durch ein hohes Maß an "awareness and comprehension"[42] gekennzeichnet ist, sondern er ist unwissend und seiner Herkunft und seinem Lebensbereich entfremdet: "He felt totally estranged from the city in which he had been born; this city for which he sometimes felt a kind of stony affection because it was all he knew of home. Yet he had no home here--the hovel on Bank Street was not a home." (AC 47) Diese Daseinsweise, die in dem Nichtannehmen des Geburtsortes und damit der eigenen Vergangenheit begründet liegt und seine Identitätsproblematik bestimmt, läßt sich nur durch die Erfahrung einer echten Liebesbeziehung überwinden. Der Liebe kommt damit die Funktion eines Erkenntnismediums zu, das ihn zur Selbsterkenntnis und Annahme des eigenen Ich führen kann--"It occured to him that the question was not really what he was to 'get' but how he was to discover his possibilities and become reconciled to them" (AC 129)--und dessen Vermittlung ausschließlich der schwarzen Frau vorbehalten zu sein scheint. Die Beziehung zu Ida wird dadurch zur Voraussetzung für die Möglichkeit einer solchen Identitätsfindung.

In The Fire Next Time hatte Baldwin die Erfahrung von Leid und Schmerz zur existenziellen Voraussetzung menschlicher Selbsterkenntnis gemacht. (FIRE 132) Diese Erfahrung liegt auch der Liebesbeziehung von Ida und Vivaldo zugrunde und manifestiert sich in der Unterschiedlichkeit von Wertsetzungen und Lebenserfahrungen, die in der jeweiligen Rassenzugehörigkeit begründet liegen.

Das an Rufus' Existenz aufgezeigte gestörte Verhältnis von individuellem und sozialem Selbst bestimmt auch das Dasein Idas. Für sie vermag die Liebesbeziehung zu Vivaldo keine entscheidende Lebensveränderung mit sich zu bringen, weil die Realität der Außenwelt in ihrer Bedrohung nur noch stärker geworden ist. Die soziale Ächtung als Schwarze wird für sie auch durch die Liebe nicht aufgehoben:

'Our being together doesn't change the world, Vivaldo'.
'It does', he said, 'for me'.
'That', she said, 'is because you're white'. (AC 253)

Diese Gegensätzlichkeit in der Bewertung verweist nicht nur auf die Unterschiedlichkeit ihrer sozialen Existenzen, sondern deutet ebenso sehr die grundlegende Differenz in der Bewertung der Liebe an. Als Schwarze ist Ida so sehr durch die diskriminierende Psychologie der Rassenbeziehungen geformt, daß diese Prägung auch durch Liebe nicht rückgängig zu machen ist. Für sie bedeutet Liebe daher hauptsächlich einen höheren Bewußtseinszustand und damit die Anerkennung der Schlechtigkeit und Grausamkeit der Welt. Ihre zynische Lebenseinstellung, die in der Not der sozialen Verfehmtenrolle geboren wurde, offenbart jenen tieferen Realitätssinn, über den der Weiße--in diesem Fall Cass--nicht verfügt, weshalb sie den Schwarzen letztlich auch nicht verstehen kann: "You don't know, and there's no way in the world for you to find out, what it's like to be a black girl in this world, and the way white men, and black men, too, baby, treat you. You've never decided that the whole world was just one big whorehouse and so the only way for you to make it was to decide to be the biggest, coolest, hardest whore around and make the world pay you back that way." (AC 271)

Solange Vivaldo unfähig ist, die tatsächliche Lebenswirklichkeit Idas zu begreifen, muß die Liebe deshalb auf jener oberflächlichen Stufe stehen bleiben, die Baldwin in <u>The Fire</u>

Next Time als "the infantile American sense of being made happy" (FIRE 128) bezeichnet hat. Die diesem Liebesbegriff entgegengestellte Auffassung von "quest and daring and growth" (FIRE 138) läßt sich hingegen nur durch rücksichtslose Wahrhaftigkeit und Erkenntnisbereitschaft erreichen. Im Falle Vivaldos bedeutet dies das Akzeptieren von Idas Lebenswirklichkeit, d.h. ihres aus Opportunitätsgründen eingegangenen Verhältnisses zu ihrem weißen Manager Ellis sowie das Eingeständnis des eigenen Versagens, als Rufus bei ihm Hilfe gesucht hatte: "... and for the first time it occured to him that, possibly, he was a liar; had never loved Rufus at all, but had only feared and envied him." (AC 321)

Diese Selbsterkenntnis ermöglicht Vivaldo gleichzeitig, Idas Untreuegeständnis zu ertragen, denn jetzt ist er aus dem Zustand der Unkenntnis und Wirklichkeitsverdrängung in eine Position hineingewachsen, die ihn erkennen und akzeptieren läßt, daß Leid und Schmerz Wesensbestandteile der menschlichen Existenz sind. Cass' resignierende Feststellung--"the misery of the world. Which will never end because we're what we are" (AC 315)--trifft diesen Sachverhalt vielleicht am besten. Vivaldo hat nun nicht nur gelernt, die Welt mit ihrer Schlechtigkeit und ihren Fehlern zu bejahen, sondern darüber hinaus auch seine eigene Unzulänglichkeit und sein Versagen. "Suffering doesn't have a color" (AC 325): Diese programmatische Feststellung Vivaldos umreißt gleichsam den tieferen Sinn des gesamten Werkes. Die Anerkennung von Leid als Wesensmerkmal des menschlichen Daseins bringt für ihn einen läuternden Effekt mit sich; sie ermöglicht ihm, den Schwarzen jenseits aller Rassenschranken und aller angstvollen Phantasie als Mitmensch zu sehen und zu erleben.

Damit kommt dem Schwarzen eine unverzichtbare Rolle als Ausbilder des Weißen zu, die zu übernehmen er aufgrund seiner historisch leidvollen Erfahrung und tieferen Lebensintensität moralisch befähigt ist. Indem nun der Schwarze den Weißen zu seinem Standard emporhebt, schafft er für beide die Voraussetzung eines möglichen Zusammenseins. Dieses Emporheben, das sich durch das Medium der Liebe vollzieht, bedeutet dabei keine Daseinstranszendenz oder gar Veränderung der rassenpolitischen Diskriminierung. Die Fehlerhaftigkeit der Welt bleibt unangetastet--doch vermittelt die Einsicht in diesen Zusammenhang die Fähigkeit, einander annehmen und ertragen zu können.

Hierin scheint dann auch der tiefere Sinn der Beziehung von Ida und Vivaldo zu liegen, deren offenes Ende somit nicht etwa Pessimismus oder gar Fatalismus verheißt,[43] sondern von der Fähigkeit eines Neubeginns unter dem Vorzeichen von Wahrhaftigkeit und Gleichheit kündet.

Die Ausbilder- und Lehrfunktion des Schwarzen bedarf jedoch noch einer entscheidenden Ergänzung. Erst durch den Kontakt mit der Lebenswirklichkeit des Homosexuellen wird Vivaldo in die Möglichkeit versetzt werden, jenen Zustand der Wahrhaftigkeit zu erlangen. Die Welt des Homosexuellen wird so zu einer <u>symbolischen Kontrastwelt</u>, die dem weißen Amerika gegenübergestellt ist.

3. Homosexualität als symbolische Gegenwelt zum weißen Amerika

Der Beginn des zweiten Buches greift anhand der Beziehung Eric-Yves das Motiv der Männerfreundschaft, das in <u>Giovanni's Room</u> zur beherrschenden Grundlage der Darstellung wurde, wieder auf. Die beiden Figuren werden in einem Zustand paradiesischer Unberührtheit eingeführt, der durch seine Garten-Eden Symbolik der Verzweiflung und Einsamkeit verheißenden Urbanität New Yorks kontrapunktisch zugeordnet ist: "Eric sat naked in his rented garden. Flies buzzed and boomed in the brilliant heat, and a yellow bee circled his head. Eric remained very still, then reached for the cigarettes beside him and lit one, hoping that the smoke would drive the bee away. Yves' tiny black-and-white kitten stalked the garden as though it were Africa, crouching beneath the mimosas like a panther and leaping into the air." (AC 142) Der Verweis auf Afrika versinnbildlicht die innere Wesensverwandtschaft dieses paradiesisch anmutenden Lebensbereiches der Homosexuellen mit der ursprünglichen Idylle und Harmonie der Welt des Schwarzen. Mit dieser geographischen Umkehrung einer alten amerikanischen Vorstellung gewinnt die Darstellung ähnlich wie in <u>Giovanni's Room</u> wieder die Qualität einer Gegen-Aufklärung. Denn für den gesellschaftlichen Außenseiter, den Schwarzen wie den weißen Homosexuellen, gilt nicht das amerikanische Selbstverständnis des "Virgin Land" und "Garden of The World".[44] Die Verlagerung des Garten-Motivs nach Europa bedeutet eine Entideologisierung des 'American Dream', an dessen Teilhabe der Schwarze wie auch der 'weiße' Neger ausgeschlossen sind. Die Wiedergewinnung des Gartens in Europa wächst so fast zu einer ironischen Umkehrung und deutet an, daß für den gesellschaftlichen Außenseiter der 'American Dream' nur außerhalb Amerikas zu verwirklichen ist.

Eric wird damit zu einer <u>Alternativfigur</u> zu Rufus, der ja unter anderem deshalb scheiterte, weil ihm die Möglichkeiten der 'Anderen Welt' verschlossen waren. Ähnlich wie Henry James' Protagonisten erlebt auch Eric seinen entscheidenden Reife- und Erkenntnisprozeß in Europa. Und genauso wie jene erkennt auch Baldwins Held, daß es unmöglich ist, seine spezifisch amerikanische Herkunft mit der europäischen Tradition zu verschmelzen. Um die in Europa gewonnene Identität nicht zu verlieren, ist es nötig, in die Heimat zurückzukehren.

Diese Rückkehr bedeutet jedoch bei Baldwin das Eintreten in ein rassenpolitisch diskriminiertes Amerika, so daß der Rückkehrende zum Botschafter der 'Anderen Welt' bzw. zum Kritiker 'dieser Welt' wird. Die zunächst hervortretende Gegensätzlichkeit der anderen gegenüber der eigenen Welt, gekennzeichnet durch die räumliche Trennung, erzeugt nun nach der

Rückkehr des Protagonisten, da eben jetzt diese Trennung aufgehoben ist, eine neue, gleichsam mikrokosmische Gegenwelt: den Erfahrungs- und Lebensbereich des Homosexuellen. Dessen Lebenswelt ist hingegen nicht länger an ein adamisches Selbstverständnis geknüpft. Eric ist gewissermaßen in Europa zum erwachsenen David geworden--aus dem liebesunfähigen amerikanischen Adam ist so der 'weiße' Neger geworden.

Erics Homosexualität entwickelte sich aus frühkindlichen Erfahrungen mit den "cold white people and the warm black people". (AC 150) Die mangelnde Liebesbereitschaft seiner Eltern ließ ihn zunächst die wohltuende Zuwendung des schwarzen häuslichen Dienstpersonals und später die homosexuelle Liebe eines gleichaltrigen schwarzen Jugendlichen suchen. Aus diesen Erlebnissen entspringt ein Lebensgefühl, das ihn entscheidend von seinen weißen Mitbürgern trennt und ihn, ähnlich wie den Schwarzen, in eine gesellschaftliche Randexistenz drängt: "He [Eric] was menaced in a way that they [whites] were not, and it was perhaps this sense, and the instinct which compels people to move away from the doomed, which accounted for the invincible distance, increasing with the years, which stretched between himself and his contemporaries." (AC 155)

Dieses Außenseiterdasein läßt in ihm schließlich jene Bewußtseinslage heranreifen, die für Baldwin die Qualitäten des schwarzen Daseins ausmachen und die in Begrifflichkeiten wie Schmerz, Qual und einer daraus entstandenen Lebensstärke zum Ausdruck kommen: "... his [Eric's] infirmity had made him the receptacle of an anguish, which he could scarcely believe was in the world. This anguish rendered him helpless, though it also lent him his weird, doomed grace and power, and it baffled him and set the dimensions of his trap. " (AC 163)

Der Zustand der Schwäche wird zur Basis der eigenen Stärke. So wie der Schwarze in der täglichen Konfrontation mit der tatsächlichen Bedrohung seiner Existenz--"Any Negro who wishes to live must live with danger from his first day, and no experience

can ever be casual to him, no Negro can saunter down a street
with any real certainty that violence will not visit him on
his walk. ... The Negro has the simplest of alternatives: live
a life of constant humility or ever threatening danger."[45]--
diese anzunehmen lernt und daraus seine moralische Stärke und
Lebensfähigkeit schöpft, die ihn zum Prototyp des existenzia-
listischen Helden macht, ist auch der weiße Homosexuelle gezwungen, will er in der Gesellschaft überleben, die ihm die
Freiheit seiner Sexualität streitig macht, "to divorce himself
from society, to exist without roots, to set out on that un-
charted journey into the rebellious imperatives of the self."[46]
Diese rebellischen Imperative lassen den weißen Homosexuellen
zu einer Lebenseinstellung gelangen, deren Wesensverwandtschaft
mit der Lebenswirklichkeit des Schwarzen unverkennbar ist:

> His [Eric's life] passions, trials, loves, were, at worst,
> filth, and, at best, disease in the eyes of the world,
> and crimes in the eyes of his countrymen. There were no
> standards for him except those he could make for him-
> self. There were no standards for him, because he could
> not accept the definitions, the hideously mechanical
> jargon of the age. He saw no one around him worth his
> envy, did not believe in the vast, grey sleep called
> security, did not believe in the cures, panaceas, and
> slogans which afflicted the world he knew; and this meant
> that he had to create his standards and make up this
> definitions as he went along. It was up to him to find
> out who he was, and it was his necessity to do this, so
> far as the witch doctors of the time were concerned,
> alone. (AC 165)

Eric wird also zum Symbolträger einer Gegenwelt, in der an die
Stelle von innerer Kälte, Verlogenheit und Eintönigkeit die
Freiheit tritt, die aus der immerwährenden Unsicherheit und
Auseinandersetzung mit der lebensbedrohenden Umwelt gewachsen
ist. Baldwins 'weißer' Neger, der Homosexuelle, ist somit Gegenstück und Ergänzung zu Norman Mailers 'weißem Neger', dem
Hipster. Dessen Bezeichnung als "American existentialist"[47]
erfährt bei Baldwin jedoch eine entscheidende Begriffserwei-
terung: an die Stelle des Hipster ist der Homosexuelle getreten,

der nunmehr zusammen mit dem Schwarzen den neuen 'American existentialist' darstellt.

Die Gegensätzlichkeit der beiden Welten kommt besonders stark bei der Rückkehr Erics nach New York zum Ausdruck. Bezeichnenderweise ist er der Einzige, der die Fähigkeit hat, die Verderbtheit und damit den wahren Charakter der Stadt zu erkennen. Die Beschreibung von New York ist der paradisischen Idylle seines südfranzösischen Domizils kontrapunktisch zugeordnet:

> New York seemed very strange indeed. ... It seemed to have no sense of the exigencies of human life; it was so familiar and so public that it became, at last, the most despairingly private of cities ... and if one was never--it was the general complaint--left alone in New York, one had, still, to fight very hard in order not to perish of loneliness. ... This note of despair, of buried despair, was insistently, constantly struck. It stalked all the New York avenues, roamed all the New York streets ... where a kind of plague was raging. (AC 178)

Die 'Andere Welt', die in ihrer Garten-Eden-Symbolik Wärme, Liebe und zwischenmenschliche Gemeinsamkeit verheißen hatte, wird hier durch die Elendigkeit New Yorks in ihrer Einzigartigkeit noch stärker betont. New York demgegenüber--und damit auch Amerika--verheißen nichts als Einsamkeit und Verzweiflung, Kommunikationslosigkeit und Gleichgültigkeit. Die Friedhofsmetaphorik des Museums, in dem die klärende Aussprache zwischen Cass und Eric stattfindet, unterstreicht in diesem Zusammenhang durch den leblosen und zukunftslosen Charakter der Stadt den Zerfall des 'American Dream'. Aus dem symbolischen Garten der Homosexuellen, der nur außerhalb Amerikas existieren zu können scheint, ist ein "Garden of Ashes"[48] geworden, in dem nur noch tiefe innere Kälte und Gefühlsarmut dominieren: "No, I don't think there's any hope. We're too empty here. She [Cass] touched her heart. ... We think we're happy. We're not. We're doomed." (AC 316)

Die Gegensätzlichkeit dieser beiden Vorstellungen läßt sich vielleicht am ehesten durch das Begriffspaar Liebesleere und Liebesfülle ausdrücken. In der liebesleeren Welt kann der Schwarze jedoch nur noch Lehrer, aber nicht länger auch Erlöser der Weißen sein. Letztere Aufgabe fällt dem 'weißen' Neger zu. Diese Rollenverteilung[49] macht deutlich, daß Schwarze wie Weiße aufgerufen sind, die sozialpsychologischen Grundlagen der amerikanischen Gesellschaft zu verändern. Die Voraussetzung hierfür hat jedoch der Weiße zu schaffen. So gelingt es auch Vivaldo erst durch sein Zusammensein mit Eric jene Erkenntnis zu erwerben, die ihn schließlich befähigt, die Wahrheit zu ertragen und dadurch seine Beziehung zu Ida auf eine neue Grundlage zu stellen: "Perhaps if you can accept the pain that almost kills you, you can use it, you can become better." (AC 304)

Durch diese Erkenntnis erwirbt sich Vivaldo eine moralische Qualität, die ihn zum gleichberechtigten Partner des Schwarzen werden läßt. <u>Another Country</u> ist deshalb auch kein ausschließlich pessimistisches oder gar deterministisches Werk, denn das offene Ende in der Beziehung von Ida und Vivaldo bedeutet nicht, daß ein gemeinsames Zusammenleben der beiden Rassen unmöglich ist. Es beinhaltet vielmehr das Gegenteil, sofern sich der Weiße als lernfähig erweist. Die symbolische Gegenwelt mit ihrer zwischenmenschlichen Liebe als grundlegendem Merkmal gibt dabei die Richtung einer Verständigungsmöglichkeit an.

In diesem offenen Ende deutet sich eine Darbietungsstrategie an, die man als <u>aussparende</u> Darstellung bezeichnen kann. Die Offenheit ruft nämlich gleichsam nach einer Position, die in der Rezeption des Lesers besteht. Einer derartigen leserorientierten Deutung zufolge kann das entmaterialisierte Ende gleichwohl von einem übergeordneten Rahmen her argumentativ aufgehellt und verstanden werden, wenn man nämlich in der Aussparung das Andeuten von Bezügen sieht, die erst in der eigenen Stellungnahme zu dem Roman deutlich werden. Damit läßt sich gerade auch im Hinblick auf den Gesamtkontext des fiktionalen Werkes von Baldwin <u>Another Country</u> als eine Art <u>abgebrochenes Argument</u> auffassen, dessen Weiterführung sowohl in der Rezeption des Lesers wie auch in den nachfolgenden Werken des Autors zu suchen ist.

D. Der Zusammenstoß der beiden Rassen: <u>Blues for Mister Charlie</u>

Das 1964 uraufgeführte Schauspiel <u>Blues for Mister Charlie</u> stellt Baldwins bislang einzigen[50] fiktionalen Versuch dar, die Tagesaktualität rassenpolitischer Auseinandersetzungen literarisch aufzugreifen und sie anhand der dialektischen Gegensätzlichkeit von schwarzer und weißer Bühnengesellschaft sowie deren unterschiedlichen Positionen durchsichtig zu machen.

Der historische Hintergrund des Stückes basiert--so der Autor in seinem Vorwort, "on the case of Emmett Till--the Negro youth who was murdered in Mississippi in 1955. The murderer in this case was acquitted." (BC 5) Gibt dieses Ereignis die Folie für das Drama ab, so scheint doch der historische Bezug eher in den sich zu Beginn der 60er Jahre zunehmend verschärfenden rassenpolitischen Auseinandersetzungen zu liegen. Dieser Deutungszusammenhang liegt vor allem in der Ausdifferenzierung der schwarzen Bühnengesellschaft begründet, in der sowohl die Standpunkte der in jenen Jahren so erfolgreichen Bürgerrechtsbewegung wie auch eine auf aktive Gewaltanwendung abzielende Haltung zum Ausdruck kommen.

In dieser Meinungsvielfalt innerhalb der schwarzen Lebensgemeinschaft liegt ein Novum gegenüber den bisherigen fiktionalen Werken des Autors. Wurden dort hauptsächlich Einzelschicksale in ihrer Gefährdung vorgeführt, so tritt nun an die

Stelle des Einzelnen die Gruppe, deren gesellschaftliche Lage
bestimmend für das Individuum wird. Diese Aufteilung in zwei
sich gegenüberstehende Gruppen läßt die Darbietung gleichzeitig zu einer rassenpolitischen Standpunkterörterung werden.
Der Einzelne tritt hinter die Gruppe zurück und agiert ausschließlich innerhalb dieser Zugehörigkeit. Der Rückgriff auf
das Motiv der Opferrolle sowie eine Variation des in den Romanen ausgeführten Themas des Verhältnisses zwischen dem schwarzen Protagonisten und seiner Lebensgemeinschaft weisen auf die
enge Verwandtschaft dieses Werkes zu den früheren hin.

Dieser Sachverhalt ist hingegen bislang in kaum einer In-
terpretation bzw. Rezension des Stückes berücksichtigt worden.
Stattdessen wurde es aus dem Gesamtzusammenhang von Baldwins
Schaffen herausgelöst und je nach dem weltanschaulichen Stand-
ort des Betrachters als "agit-prop art"[51] und "sterile protest
literature"[52] attackiert oder aber als "soziales Protestdrama",
das "eine Sonderstellung im Baldwinschen 'fiction' einnimmt"[53]
positiv bewertet. Diese extrem unterschiedlichen Auslegungen
sind kennzeichnend für eine methodische Vorgehensweise, die
dem Stück vorgefertigte Bewertungsmaßstäbe auferlegt und sich
damit den Zugang zu einer dem Stück angemessenen Auslegung von
vornherein verschließt. Sowohl eine an klassischen aristote-
lischen Theatermaßstäben orientierte Kritik wie auch die einseitig marxistisch akzentuierte positive Betonung des Protest-
charakters übersehen nämlich die beiden wichtigsten struktu-
rellen Eigenschaften dieses Dramas: seine <u>filmische Dramaturgie</u>
sowie die Anlage der Charaktere als <u>Positionenträger</u>.

1. Die Entfaltung der dramatischen Struktur

In einem kurzen Vorspann zu dem eigentlichen Bühnenge-
schehen wird der Zuschauer Zeuge des Augenblicks, in dem der
Weiße Lyle Britten den schwarzen Richard Henry erschießt. Das
Stück beginnt so mit dem Ereignis, das im Mittelpunkt des In-

teresses steht, denn in den nachfolgenden drei Akten wird versucht, die Hintergründe und Ursachen dieses Verbrechens aufzudecken.

Der I. Akt führt hauptsächlich die Reaktion auf diesen Mord in der schwarzen Bühnengesellschaft vor. In diese Darbietung sind gleichzeitig zwei Szenen als Rückblenden einbezogen, in denen Richard nach seiner Rückkehr aus New York in seiner Heimatstadt, einer Kleinstadt in den Südstaaten, gezeigt wird. In New York hatte er eine vielversprechende Karriere als Sänger begonnen, war jedoch drogensüchtig geworden und in eine Erziehungsanstalt eingewiesen worden. Bei seiner Rückkehr weigert er sich, die für ihn demütigende soziale Diskriminierung zu akzeptieren und wird deshalb von Britten erschossen.--Der II. Akt stellt im wesentlichen die Reaktionen der weißen Bühnengesellschaft auf die bevorstehende Festnahme Brittens dar. Doch auch hier ist wiederum ein Rückwärtsbezug eingebaut, der die Auseinandersetzung Brittens mit Richard schildert. Auf Betreiben des weißen Parnell James findet schließlich eine Gerichtsverhandlung statt, in deren Verlauf Britten freigesprochen wird. Dieser III. Akt demonstriert noch einmal die unterschiedlichen Positionen der einzelnen Figuren in Form von Zeugenaussagen und verkündet insbesondere durch die Art der Verhandlungsführung Hoffnungslosigkeit und Pessimismus.

Diese kurz skizzierte Inhaltsübersicht macht deutlich, daß <u>Blues for Mister Charlie</u> kein lineares Entwicklungsdrama ist. An die Stelle einer organischen Handlungseinheit ist vielmehr eine Verteilung auf mehrere Einzelepisoden getreten, die eine relative Eigenständigkeit besitzen und lediglich durch den als Klammer fungierenden Mord zusammengehalten werden. Aufgrund der fehlenden linearen Geschehnisentwicklung gibt es deshalb auch keine Finalität der Ereignisse. Wie schon in <u>Another Country</u> ist das Verhältnis der einzelnen Teile zueinander nicht festgefügt, sondern aufgehoben zugunsten eines

additiven bzw. assoziativen Nacheinander. Diese strukturelle
Grundlage des Stückes wird von dem im wesentlichen unveränderten Bühnenbild unterstrichen:

> Multiple set, the skeleton of which, in the first two
> acts is the Negro church, and, in the third act, the
> courthouse. ... The church is divided by an aisle. ...
> This aisle also functions as the division between White-
> town and Blacktown. The action among the blacks takes
> place on one side of the stage, the action among the
> whites on the opposite side of the stage. ... This means
> that Richard's room, Lyle's store, Papa D's joint, Jo's
> kitchen, etc. are to exist principally by suggestion,
> for these shouldn't be allowed to obliterate the skeleton,
> or, more accurately, perhaps, the frame-work, suggested
> above. (BC 11/12)

Diese strukturelle Eigenart läßt die dargestellte Gegenwart als eine Aneinanderreihung nicht mehr entwicklungsfähiger Augenblicke erscheinen. Damit wird die Darstellung des Konfliktgrundes in immer neuen Perspektiven möglich--die Kamera nimmt die einzelnen Beziehungsverhältnisse mit gleichsam ständig wechselnder optischer Einstellung auf.

Diese filmische Grundlage der Dramaturgie kommt vor allem in den jeweiligen Rückblenden zum Ausdruck. Insbesondere dort wird das Gruppengeschehen gleichsam individualisiert und wie unter einem Vergrößerungsglas momentan losgelöst von seiner Zugehörigkeit dargeboten. Hierdurch wird gleichzeitig von der Dramaturgie her deutlich, daß sich die Personen auf mehreren Ebenen bewegen und auch der Handlungsablauf dieser Ebenenbildung untergeordnet ist.

2. Die Welt der zwischenrassischen Beziehungen als Gruppenphänomen

In seinem Vorwort "Notes for Blues" macht Baldwin deutlich, daß das eigentliche Thema seines Dramas der Rassenkonflikt ist: "The play, then, for me, takes place in Plaguetown, USA, now. The plague is race, the plague is our concept of Christianity: and this raging plague has the power to destroy every human relationship." (BC 7) Die allgemeine rassenpolitische Lage, deren mikrokosmisches Abbild als "Plaguetown" metaphorisch verschlüsselt ist, wird so zur dominierenden Ausgangsbasis der Darstellung. Auf diesem Fundament agieren die Personen auf zwei Ebenen: einer allgemeinen, die durch die Gruppen- bzw. Rassenzugehörigkeit abgegrenzt ist, und auf einer individuellen, auf der sich das persönliche Schicksal des Einzelnen vollzieht. Die dialektische Zuordnung von individuellem und sozialem Selbst, die ja bereits die Figurenkomposition in den Romanen ausmachte, betont hier jedoch ausdrücklich die soziale Seite vor der individuellen. Im Gegensatz zu den Romanen, wo das Einzelschicksal vor der Gruppenzugehörigkeit rangierte, erscheinen jetzt die persönlichen Motive vor dem allgemeinen Hintergrund des Rassenkonflikts und werden durch diesen selbst definiert. An die Stelle des Individuums tritt damit der Gruppenmensch, dessen Individualität innerhalb der Gruppe in der Trägerschaft ganz bestimmter Rollen zum Ausdruck kommt. Die dramatischen Figuren werden dadurch zu Trägern unterschiedlicher rassenpolitischer Positionen.

2.1. Die schwarze Bühnengesellschaft

2.11. Der schwarze Bürgerrechtler Meridian

Die angesprochene Thesenträgerschaft der einzelnen Charaktere wird sogleich zu Beginn des I. Aktes in der unterschiedlichen Reaktion der schwarzen Bevölkerung auf den Mord an Richard Henry deutlich. Im Gegensatz zu der Besonnenheit des Predigers Meridian Henry, Richards Vater, stehen die spontane Aktivität und der aufbegehrende Zorn einer Studentengruppe, die durch Juanita, Lorenzo und Pete repräsentiert wird.

Lorenzo klagt Meridian und damit indirekt die Kirche der Untätigkeit und sogar des Verrats an:

> I don't understand Meridian here. It was his son. ...
> that got killed, butchered. Just last week, and yet,
> here you sit ... in the house of this damn almighty
> God who don't care what happens to nobody, unless, of
> course, they're white. ... It's that damn white God
> that's been lynching us and burning us and castrating
> us and raping our women and robbing us of everything
> that makes a man a man for all these hundred years.
> Now, why we sitting around here, in His house? ... We've
> been demonstrating--<u>non-violently</u>--for more than a year
> now and all that's happened is that now they'll let us
> into that crummy library downtown that was obsolete in
> 1897 and where nobody goes anyway. (BC 15/16)

Die Kirche, die laut Bühnenanweisung Ort des Handlungsgeschehens ist, symbolisiert hier nicht, wie etwa noch in <u>Go Tell It on the Mountain</u> einen Hort schwarzer Freiheit und Eigenständigkeit. Vielmehr erscheint die Kirche jetzt als symbolische Verkörperung der Unterdrückung. Diese Tatsache wird besonders durch die implizite Symbolik des Bühnenrahmens unterstrichen. Alle angedeuteten Szenen finden nämlich als 'Ort im Ort' innerhalb dieses Rahmens statt, wodurch besonders die Ohnmacht und Wehrlosigkeit der schwarzen Gemeinde hervorgehoben wird.

Dem unbändigen Zorn der Jugendlichen vermag der Bürgerrechtler Meridian zunächst nur die Hoffnung auf den weißen Liberalen Parnell James entgegenzuhalten: "I think that Parnell has proven to be a pretty good friend to all of us. He's the only white man in this town who's ever <u>really</u> stuck his neck out in order to do --to do right. He's <u>fought</u> to bring about this trial--I can't tell you how hard he's fought. If it weren't for him, there'd be much less hope." (BC 17) Meridians Antwort auf Lorenzos Anspruch--"I got as much right to be bad as anybody else"--"No, you don't. ... Because you know better" (BC 18)-- macht zugleich deutlich, daß es auch innerhalb der Gruppe keine über den bloßen Standpunktaustausch hinausgehende Verständigung gibt. Denn der Dialog vermeidet das direkte Erörtern und bietet aufgrund seiner Situationsgebundenheit eher nebeneinander herlaufende Redepartien als ein sprachliches Miteinander. Die einzelnen Figuren bleiben auch in ihrer

Rolle als Thesenträger relativ isoliert voneinander und gleichen in ihrer Vereinzelung darin den Romanfiguren.

Verkörpert Meridians Haltung zunächst exemplarisch die Ohnmacht und das Versagen der Kirche innerhalb des Rassenkonflikts, so tritt dann doch im Verlauf seiner Beziehung zu Parnell eine Veränderung dieser Position hervor. Im Rahmen seiner Auseinandersetzung mit dessen liberaler Weltanschauung werden Meridians Zweifel an der Wirksamkeit christlich motivierter Gewaltfreiheit deutlich: "Maybe I had to become a Christian in order to have any dignity at all. Since I wasn't a man in men's eyes, then I could be a man in the eyes of God. But that didn't protect my wife. She's dead, too soon, we don't really know how. That didn't protect my son-- he's dead, we know how too well. That hasn't changed this town." (BC 56)

Mit fortschreitendem Zweifel am Sinn des eigenen Standpunktes nimmt auch die Distanz zu Parnell zu. Meridian lernt schließlich erkennen, daß für jenen der Tod seines Sohnes gleichsam nur ein äußerer Anlaß war, um seine liberale Position zu demonstrieren: "I watched you all this week up at the Police Chief's office with me. And you know how to handle him because you're sure you're better than he is. But you both have more in common with each other than either of you have with me. And, for both of you------it was just a black boy that was dead, and that was a problem. He saw the problem one way, you saw it another way. But it wasn't a __man__ that was dead, not my __son__--you held yourselves away from __that__!" (BC 57/58) Aus der ursprünglichen Hoffnung auf den weißen Liberalen erwächst so eine totale Ernüchterung und Enttäuschung über dessen Haltung. "I don't know, Parnell, any longer any of the things I used to know. Maybe I never knew them. I'm tired. Go home." (BC 62)--mit diesen Worten Meridians wird die Beziehung zwischen dem schwarzen Bürgerrechtler und dem weißen Liberalen aufgekündigt. Für jenen gibt es, wie Baldwin an anderer Stelle bemerkte, keine Funktion im Verhältnis der beiden Rassen zueinander: "There is no role for the white liberal, he is our affliction."[54]

Nach der Trennung von Parnell artikulieren sich Meridians Zweifel an dem Sinn und der Wirksamkeit christlicher Nächstenliebe vor allem noch einmal in seiner Predigt vor seiner Gemeinde: "But can I ask the children forever to sustain the cruelty inflicted on them by those who have been their masters? ... What hope is there for a people who deny their deeds and disown their kinsmen and who do so in the name of purity and love, in the name of Jesus Christ? ... This darkness rules in us, and grows, in black and white alike. ... What shall I tell the children?" (BC 105) Zwar schließt Meridian die Predigt mit einem Aufruf zur Nächstenliebe--"Teach us to trust the great gift of life and learn to love one another and dare to walk the earth like men" (BC 105/106)-- doch impliziert gerade der zweite Teil dieses Schlußsatzes einen Appell an Mannhaftigkeit und Widerstand. Seine Schlußworte nach dem Ende des Gerichtsverfahrens im III. Akt unterstreichen den Wandlungsprozeß, der ihn von völliger Passivität und blinder Hoffnung auf den weißen Liberalen zu einer engagierten, sich auf die revolutionären Ursprünge des Christentums rückbesinnenden Haltung finden läßt: "You know, for us, it all began with the Bible and the gun. Maybe it will end with the Bible and the gun. ... Like the pilgrims of the old." (BC 157/158)

Damit wird der schwarze Prediger Meridian zu Baldwins erster Hauptfigur, die an den Schwierigkeiten des Rassenkonfliktes wächst und sich zu einem aktiven sozialen Engagement hin entwickelt. Welche Züge dieses neue Engagement annehmen wird, bleibt offen. Jedoch nimmt die Tatsache der Entwicklungsfähigkeit dem Stück einiges von dem Pessimismus, der in der Person Richards zum Ausdruck kommt.

2.12. Richard als Protestfigur

Mit der Figur Richards greift Baldwin ähnlich wie in
<u>Another Country</u> wieder das Thema des schwarzen Musikers in
seinem Verhältnis zur schwarzen Lebensgemeinschaft auf. So
wie Rufus durch sein Zusammensein mit der weißen Leona der
sinnstiftenden Gemeinschaft mit der Band entfremdet wurde,
bedeuten auch Richards Kontakte zu weißen Frauen eine Loslösung von seiner Gruppenzugehörigkeit und lassen ihn schließlich sogar drogensüchtig werden. Wieder einmal erweist sich
der Norden als Ort der Scheinfreiheit, der dem Schwarzen lediglich die 'Freiheit' zur Selbstzerstörung zubilligt. Richards
Rückkehr in den Süden sowie seine anschließende Ermordnung
lassen zusätzlich die Geschichte desjenigen Schwarzen, der
Eigenständigkeit und persönliche Freiheit beansprucht, zu
einer symbolischen Kreisbewegung werden, die von der Unmöglichkeit zur Daseinstranszendenz kündet.

Bereits die Einstellung des Protagonisten den Weißen gegenüber macht deutlich, wie sehr die Entfremdung des Musikers
von der eigenen Gruppe den einstmals lebensstiftenden Sinn
des Blues pervertiert. Das, was durch das Wirken in der Mu-
sikergemeinschaft Stabilität und Identität vermittelt hatte,
verleiht jetzt nur noch blinde Haßgefühle und eine undifferen-
zierte Zerstörungssucht, die schließlich zur Selbstzerstörung
führt. In dem zornigen Aufbegehren gegen die Weißen offenbart
sich die für den entfremdeten Musiker typische Form völliger
Gegenwartsbefangenheit: "I'm going to treat everyone of them
[the whites] as though they were responsible for all the
crimes that ever happened in the history of the world--Oh, yes!
They are responsible for all the misery I've ever seen, and
that's good enough for me. ... I'm going to make myself <u>well</u>
with hatred ... I'm going to learn how to drink it--a little
every day in the morning, and then a booster shot late at
night." (BC 35/36)

Die fehlende Distanz zur Umwelt, insbesondere zur weissen Umwelt, die in ihrer Gesamtheit zum Gegenspieler wird, führt dazu, daß Richard unfähig wird, außerhalb der Gruppe irgendwelche sinnstiftenden Lebenszusammenhänge für sich zu erkennen. Mangelnde Eigenreflexion, die in dem Fehlen von Monologen zum Ausdruck kommt, ist stattdessen verbunden mit einem aufrührerischen Haß, der den Protagonisten zu einer emotional motivierten Protestfigur macht.

In dieser Protesthaltung manifestiert sich die erste Form eines <u>aktiven Weltbezuges</u>. Während <u>Another Country</u> die völlige Entfremdung von der Welt und durch Rufus' Suizid sogar den totalen Rückzug aus der Welt demonstrierte, wird hier zum erstenmal der Versuch eines aktiven Eingreifens angedeutet. Dabei weist diese Tatsache nicht zuletzt aufgrund der nachfolgenden Konsequenzen auf die Problematik schwarzen Gesellschaftsengagements hin. Denn im Gegensatz zu Rufus etwa, der hauptsächlich an seiner subjektiv erlebten Wirklichkeit scheiterte, stellt Richards Verhalten eine erste Form der Auseinandersetzung mit der objektiven Wirklichkeit in ihrer gesellschaftlichen Institutionalisierung dar. Daß seine Form der Auseinandersetzung mit dem Tod endet, macht deutlich, daß die Gesellschaft keine Auflehnung gegen die geltende Ordnung duldet. Der Protest, der auf einen neuen Zugang zu der Welt, die ihn unterdrückte und ausschloß, zielt, erscheint gleichzeitig als untrennbar mit seiner Person verbunden, er ist sozusagen Wesensbestandteil seiner Persönlichkeit. Die Person des Protagonisten wird damit identisch mit seiner rassenpolitischen Position, die eine Reaktion auf die ihm von den Weissen auferlegte Wirklichkeit darstellt.

Doch scheute sich Baldwin offensichtlich, Richard zu einer so gewalttätigen Rebellenfigur werden zu lassen, wie sie Wrights Bigger Thomas darstellt. Vielmehr symbolisiert Richards Übergabe der Schußwaffe an seinen Vater, daß der Protest keine gewalttätigen Formen annehmen wird: "For in surrendering his gun he apparently declines the role of hangman and condemns himself to the role of victim."[55]

Dieser Rollentausch ist kennzeichnend für die Figurenkomposition der Baldwinschen Protagonisten, die ausnahmslos eine Opferrolle ausfüllen. Wie in den vorangegangenen Romanen steht auch hier wiederum ein Determinismus im Vordergrund. Gleichzeitig werden, wie in <u>Another Country</u>, komplexere Zusammenhänge aufgelöst zugunsten situativer Momentaufnahmen, die einen Entwicklungsprozeß auf ein wie auch immer geartetes Ziel von vornherein unmöglich machen. Diese <u>Situationsdominanz</u> wird dadurch zu einer <u>Situationsgefangenschaft</u>, in der sich der Protagonist befindet und die er nicht zu überwinden vermag.

In der Auseinandersetzung Richards mit dem weißen Rassisten Britten kommt diese Unfähigkeit zur Situationsdominanz besonders zum Ausdruck. Bei einem Besuch in dessen Geschäft läßt sich der Protagonist zu einer sinnlosen Provokation hinreißen, die kennzeichnend ist sowohl für seine Protesthaltung wie auch für seine völlige Situationsbefangenheit:

>   Jo: Boy, what do you want?
>   Richard: A Coca Cola, ma'am. Please ma'am. ...
>   Richard: Did you put them in this box with your own dainty dishpan hands? Sure makes them taste <u>sweet</u>. ...
>   Jo: That'will be twenty cents.
>   Richard: Twenty cents? All right. Don't you know how to say please? All the women I know say please--of course, they ain't as pretty as you. (BC 98)

Da Richard mit einem 20-Dollar-Schein bezahlen will, den Britten nicht wechseln kann und da er sich zudem weigert, die Flasche zurückzugeben, kommt es zwischen den beiden zu einer körperlichen Auseinandersetzung, in deren Verlauf Britten niedergeschlagen wird. Richards abschließende Bemerkung läßt diese Unfähigkeit zur Gegenwartsdistanz noch einmal deutlich hervortreten und macht zugleich deutlich, daß die Grundlage des Rassenkonfliktes sexueller Natur ist: "Now, who do you think is the better man? Ha-ha! The master race! You let me in that tired white chick's drawers, she'll know who's the master! Ha-ha-ha!" (BC 102) Doch auch dieses Thema bleibt nur die Momentaufnahme einer spontanen emotionalen Reaktion, da gerade dieser zwischen den beiden Rassen so wichtige Tabubereich auf eine ausschließlich emotional motivierte Auflehnung reduziert ist. Hierin manifestiert sich die eigentümliche Besonderheit des Stückes. So wird in der Auseinandersetzung der beiden deutlich, daß Richard im Gegensatz zu dem Rassisten Britten gar keine inhaltlich ausgefüllte Position vertritt. Für jenen wird die Ermordung zur Kompensation einer sexuellen Herausforderung bzw. zur Beruhigung der eigenen Verunsicherung, während für den Protagonisten der einzig verbliebene Daseinssinn im verbalen Protest zu liegen scheint: "You sick mother! Why can't you leave me alone? White Man! I don't want nothing from you. You ain't got nothing to give. You can't eat because none of your sad-assed chicks can cook. You can't dance because you've got nobody to dance with--don't you know I watched you all my life? <u>All my life</u>! And I know your women, don't you think I don't--better than you!" (BC 156) Die Art der sprachlichen Gestaltung mag hier als typisch für Baldwins Handhabung sprachlicher Auseinandersetzungen angesehen werden. Die Redepartie wirkt insbesondere angesichts des existenziellen Moments, in dem sie stattfindet, fast gekünstelt. Die Bitterkeit und der aufbegehrende Zorn, die Richards Rolle formen, schlagen sich nicht in einer leidenschaftlichen, die Auflehnung und den Zorn betonenden Ausdrucksweise nieder. Zwischen dem Protestcharakter einerseits und der sprachlichen Ausgestaltung dieser Rolle andererseits entsteht so eine Form der Inkongruenz; die sprachliche Gestaltung fällt gewissermaßen hinter die formale Anlage zurück.

Diese vielleicht zentrale Schwäche des Stückes wird bei einem Vergleich mit dem ebenfalls 1964 uraufgeführten Schauspiel Dutchman besonders deutlich. Beide Stücke versuchen, den Rassenkonflikt in seinen sexuellen Grundlagen sichtbar zu machen und in beiden Fällen ist der Schwarze jeweils das Opfer. Im Gegensatz zu Baldwin versucht LeRoi Jones hingegen, die Gewalttätigkeit der Auseinandersetzung auch auf sprachlicher Ebene hervortreten zu lassen. Während bei Baldwin die Sprache stark regiegelenkt erscheint und fast den Eindruck vermittelt, als habe der Autor Angst vor verbalen Haß- und Zornesäußerungen, gelingt es Jones, eine Ausgewogenheit in dramaturgischer und sprachlicher Hinsicht zu erreichen.

Diese Unterschiedlichkeit der verbalen Darbietung muß als beispielhaft für die problematische Ausgangssituation des Minderheitenautors, die seine intendierte Leserschaft betrifft, gelten. Jones versucht ganz offensichtlich, die außersprachliche Realität sozusagen durch sprachliche Realität nachzubilden und damit eine schwarze Zuhörerschaft anzusprechen, während Baldwin, nicht zuletzt aufgrund des eher klagenden als protestierenden Tones seines Protagonisten sich eher an einen weißen Zuschauerkreis zu wenden scheint.

Dieser Deutungszusammenhang wird noch durch eine strukturelle Eigenschaft von Blues for Mister Charlie unterstrichen. Kündete in Another Country die Entwicklungsunfähigkeit von Rufus von einem ausgesprochenen Pessimismus bezüglich der schwarzen Lebensmöglichkeiten, so transzendiert hier gleichsam der Autor selbst diesen pessimistischen Rahmen, indem er durch das Aufzeigen der Unfähigkeit seines Protagonisten eine Möglichkeit der Aufklärung vorführt. Die Darstellungsweise nämlich, die eine Bestimmung der Position Richards aussparte, vermag gleichwohl sinnvolle Bezüge anzudeuten. Hier jedoch überläßt es der Autor dem Zuschauer, diese Position zu finden. Einer derartigen zuschauerorientierten Deutung zufolge läßt sich dann das Stück als eine Art abgebrochenes Argument auffassen, dessen Vollendung insbesondere dem weißen Rezipienten anheimgestellt ist.

2.2. Die weiße Bühnengesellschaft

2.21. Die Gruppe der Rassisten

Spielte sich während des I. Aktes das Geschehen hauptsächlich im Bereich der schwarzen Bühnengesellschaft ab, so dominiert im II. Akt eindeutig die Darstellung der weißen Bühnengesellschaft. Ort der Handlung ist jetzt die Küche im Hause Britten, wo am Vortage seiner Verhaftung die einjährige Wiederkehr seiner Hochzeit mit Jo gefeiert wird. Die Feierlichkeit sowie die Gewißheit der Anwesenden, daß Britten freigesprochen werden wird--"Jo: 'I know they can't do nothing to Lyle'" (BC 66)--üben dabei eine eigentümliche Kontrastwirkung gegenüber dem I. Akt aus, der ja nicht zuletzt die dumpfe Ohnmacht und Verzweiflung der schwarzen Bevölkerung vorführte.

Diese Kontrastwirkung wird noch verschärft angesichts der Redegegenstände, die in diesem II. Akt verhandelt werden. Bezeichnenderweise werden der Anlaß der bevorstehenden Verhaftung sowie deren Hintergründe aus dem Gesprächszusammenhang völlig ausgespart. Stattdessen gibt die Unterhaltung ein Panorama rassischer Vorurteile wieder, das ausnahmslos das Selbstverständnis der weißen Gruppe zu beleuchten sucht:

> Ellis: What's happened to this town? It was peaceful here, we all got along, we didn't have no trouble.
> George: Oh, we had a little trouble from time to time, but it didn't amount to a hill of beans. Niggers was all right then, you could always get you a nigger to help you catch a nigger.
> Lilian: That's right. They had their ways, we had ours, and everything went along the way God intended.
> (BC 69)

Die hier zum Ausdruck kommende rassische Vorurteilsstruktur überträgt das eigene Wertsystem ("peaceful", "they had their ways, we had ours") unter negativem Vorzeichen auf den Schwarzen,

dem dadurch eine Art Strohmannfunktion zugeschoben wird, welche
dann wiederum stabilisierend auf die eigene Gruppe zurückwirkt.
Die Vorurteile dem Schwarzen gegenüber leisten so einen Bei-
trag zur eigenen Verhaltenssicherheit, die hier insbesondere
durch eine Art sexueller Paranoia gegenüber dem Schwarzen
ständig gefährdet zu sein scheint:
> Ellis: Mrs. Britten, if you was to be raped by an orang-
> outang out of the jungle or a <u>stallion</u>, couldn't
> do you no worse than a nigger. You wouldn't be no
> more good for nobody. I've <u>seen</u> it. (BC 71)

Die Reduzierung des Schwarzen zu einem aller menschlichen
Eigenschaften entblößten Sexualobjekt bedeutet dann gleichzeitig eine ständige Bedrohung, so daß die Unterdrückung zum notwendigen Bestandteil der eigenen Sicherheit wird. Folgt man
in diesem Zusammenhang etwa der Anthropologie Elias Canettis,
so läßt sich die mit Ausnahme Parnells ja als monolithischer
Block auftretende weiße Bühnengesellschaft als eine Art symbolischer "Jagdmeute"[56] bestimmen, deren Opfer aufgrund der ihm
zugeschriebenen Andersartigkeit zum Tier erniedrigt und dadurch buchstäblich zur Jagd freigegeben wird. Der Mord erscheint so schließlich geradezu als geboten und mit dem eigenen Verhaltenskodex vereinbar.

Unter diesem Gesichtspunkt erhält auch die Feier einen
über sich selbst hinausgreifenden Sinn. Der auf die Stufe des
Tieres erniedrigte Schwarze wird von den Weißen symbolisch
einverleibt und damit zur Quelle der eigenen Stärkung, deren
Grundlage, wie Baldwin an anderer Stelle bemerkt hat, stets
in der faktischen Unterdrückung des Anderen besteht: "The
white man's masculinity despends on a denial of the masculinity
of the blacks." (FIRE 105) Damit wird in Analogie zu der in den
Essays eingenommenen Position des Autors der Rassenkonflikt
insbesondere auch in seiner sexuellen Ausprägung zum aus-
schließlichen Problem der Weißen. Die stereotypische Darstellung einer Gruppe von Weißen wächst so zu einer sozialen Anklage,

die der weißen Bevölkerung ihr negatives Spiegelbild vorzuhalten sucht.

2.22. Die Rolle des weißen Liberalen

Aus der einheitlichen weißen Bühnengesellschaft ist als einzige die Position Parnells abgesondert. Als gleichzeitiger Bekannter von Britten und Meridian spielt er die Rolle eines Wanderers zwischen den beiden Lagern. Diese Rolle, die ihn von allen anderen abgrenzt, bestimmt gleichzeitig die Widersprüchlichkeit und Bindungslosigkeit seines Charakters. Als Wanderer zwischen den zwei Welten ist er heimatlos und will es sich mit keiner Seite verderben. Dadurch wird seine Haltung notgedrungen doppeldeutig und widerspruchsvoll und nur durch den Umweg über die Hintergründe seiner Jugendliebe zu einer Schwarzen verständlich. Ähnlich wie die Position der weißen Rassisten ist ebenfalls die liberale Position durch die Art der sexuellen Beziehung zu den Schwarzen motiviert.

Im Gegensatz zu den übrigen Weißen war Parnells Beziehung zu den Schwarzen ursprünglich durch echte Emotionalität gekennzeichnet, die er durch sein jetziges Verhalten vergeblich wiederzugewinnen sucht:

```
Parnell: I never forgot her.
   Jo: Do you think of her--even when you're with
       Loretta?
Parnell: Not all of the time, Jo. But some of the time--
       yes.
   Jo: And if you found her again?
Parnell: If I found her again--yes, I'd marry her. I'd
       give her the children I've always wanted to
       have. (BC 90)
```

Diese erste Jugendliebe, die gewaltsam durch die Mutter seiner schwarzen Freundin beendet wurde, überschattet nicht nur seine weiteren Beziehungen, sondern läßt ihn ähnlich wie Vivaldo jene Liebe und Zuneigung bei den Schwarzen suchen, die ihm bei den Weißen verwehrt zu sein scheint:

> All you life you've been made sick, stunned, dizzy, oh,
> Lord! driven half mad by blackness. Blackness in front
> of your eyes. Boys and girls, men and women--you've
> bowed down in front of them all! And then hated your
> self. Hated yourself for debasing yourself? Out with it
> Parnell! The nigger-lover! Black boys and girls! I've
> wanted my hands full of them, wanted to drown them,
> laughing and dancing and making love--making love--wow!--
> and be transformed, formed, liberated out of this grey-
> white envelope. Jesus! I've always been afraid. Afraid
> of what I was in their eyes? They don't love me, certain-
> ly. You don't love them either! Sick with disease only
> white men catch. Blackness! (BC 140)

Parnells Monolog entspricht in seiner Motivation in vielfacher
Hinsicht der Situation Vivaldos. So wie bei jenem ist auch
sein Verhältnis zu den Schwarzen durch eine Haßliebe bestimmt,
die ihm eine rationale, die Grenzen der eigenen psychischen
Gefangenschaft überwindende Haltung unmöglich macht. Aus dieser Spannung heraus erwächst seine innere Widersprüchlichkeit
und Zerrissenheit, die ihn einerseits das Gerichtsverfahren
herbeiführen läßt, obwohl er andererseits genau weiß, daß
Britten niemals verurteilt werden wird. Als Meridian Parnells
Doppelrolle schließlich durchschaut, weist er ihm zugleich
die Aufgabe zu, die ihn aus seiner Widersprüchlichkeit zu einer
echten Selbstbefreiung gelangen lassen kann:

> Parnell: Can I join you on the march, Juanita? Can I walk
> with you?
> Juanita: Well, we can walk in the same direction, Parnell.
> Come. Don't look like that. Let's go.
> (Exit).
> (After a moment, Parnell follows).

Diese Schlußsätze deuten an, daß Parnell neben Meridian die
zweite Figur dieses Stückes ist, die an den Schwierigkeiten
des Rassenkonflikts innerlich wächst. Das Ende des Dramas eröffnet dadurch gleichzeitig einen neuen Anfang, denn es kündet
von der Möglichkeit zwischenrassischer Gemeinsamkeit. In dieser
Implikation wird ein Teil jener negativen Eindrücke aufgefangen, die sich bei der undifferenzierten Darstellung der

weißen Bühnengesellschaft aufdrängten. Die dort zum Ausdruck gekommene einseitige Stereotypisierung, die jegliche Entwicklungsfähigkeit ausschloß, wird durch die Andeutung eines gemeinschaftlichen Zusammenwirkens entscheidend korrigiert. Wie im Falle Richards kommt damit dem Stück wiederum die Funktion eines <u>abgebrochenen Argumentes</u> zu, das der Rezipient zu vollenden hat. Diese, auf die Reaktion des Zuschauers abzielende Darstellungsform wird auch zur entscheidenden Darbietungsgrundlage der Gerichtsszene, wo der Zusammenprall der beiden Rassen als dramatisches Geschehen faßbar wird.

3. Die Gerichtsszene

Stärker noch als in den beiden ersten Akten ist die Dramaturgie des III. Aktes durch eine filmtechnische Grundlage bestimmt, die die Gerichtsszene aus dem normalen Rahmen einer juristischen Verhandlungsführung in eine szenenartige, von zahlreichen Rückblenden durchsetzte Darbietungsstrategie umsetzt. Die Finalität des Ereignisses ist aufgehoben zugunsten einer ausschnitthaften Darstellung, welche die Motivation der einzelnen Zeugenaussagen sowie die Form der Rechtsprechung durchleuchten soll.

Hierzu bedient sich die Dramaturgie verschiedener Lichteffekte, die die jeweils sprechenden Personen von den übrigen Bühnenmitgliedern absondern und ihnen die Möglichkeit des Monologes, oft sogar der monologisierenden Rückblende geben. Diese Lichttechnik bewirkt gleichzeitig, daß das Gericht-- von einer entscheidenden Ausnahme abgesehen--jeweils nicht Zeuge dieses Rückbesinnungsvorganges ist und ihn folglich auch nicht bei seiner Rechtsprechung berücksichtigen kann.

Am Beispiel der Zeugenaussage des schwarzen Barbesitzers Papa D. wird die Besonderheit dieses Gerichtverfahrens deutlich herausgestellt. Seine Ausführungen sind nämlich die ein-

zigen, die unter Ausschluß der Lichtdramaturgie direkt vom
Zeugenstand aus erfolgen, obgleich sie die Form der Rückblende annehmen und dadurch zum Spiel im Spiel werden. Als
einziger Zeuge belastet Papa D. Britten direkt und macht ihn
für den Mord an Richard verantwortlich: "Mr. Lyle! Richard!
And I never saw that boy again. Lyle killed him. I know it,
just like I know I'm sitting in this chair. Just like he
shot old Bill and wasn't nothing never, never, never done
about it." (BC 120) Die einzige Reaktion des Gerichtes hierauf
--"Judge: The witness may step down" (BC 120)--macht deutlich,
daß die Rechtsprechung hier ausschließlich an den gesellschaftlichen Widerspruch der beiden Gruppen gebunden ist. So nimmt
das Gericht zwar 'sehenden' Auges an diesen Zeugenaussagen
teil, berücksichtigt andererseits aber das dort vorgeführte
Geschehen überhaupt nicht. Damit wird unterstrichen, daß die
Entscheidung bereits durch die Orientierung am Allgemeinen,
dem Rassenkonflikt, präjudiziert ist und daß das Vorführen
individueller Faktoren an dieser Präjudizierung nichts zu ändern vermag. Die Vergrößerungsglasfunktion der Rückblenden
wird aufgehoben und durch eine Justiz überlagert, die als
Rassenjustiz entlarvt werden soll.

Eine weitere Eigentümlichkeit der Verhandlungsführung
kommt in dem Rollentausch von Staatsanwalt und Anwalt der
schwarzen Nebenkläger zum Ausdruck. Insbesondere an den Vernehmungen schwarzer Zeugen läßt sich nachweisen, daß der Staatsanwalt zum Verteidiger des Angeklagten wird, während der Anwalt der Nebenkläger die Rolle des Staatsanwaltes übernimmt:

> The State: You [Lorenzo] cannot expect this courtroom to believe that so serious a battle was precipitated by the question of twenty cents! There was some other reason. What was the reason? Had he--and you--been drinking?
> Lorenzo: It was early in the day, Cap'n. We ain't rich enough to drink in the daytime.
> The State: Or <u>smoking</u>, perhaps? Perhaps your friend had just had his quota of heroin for the day, and

>   was feeling jolly--in a mood to prove to you
>   what he had already suggested with those
>   filthy photographs of himself and naked white
>   women! ...
> Council
> for the
> Bereaved: To your knowledge--during his stay in this
>   town--was the late Mr. Richard still addicted
>   to narcotics?
> Lorenzo: No. He'd kicked his habit. ...
> Council
> for the
> Bereaved: To your knowledge--was he carrying about obscene
>   photographs of himself and naked white women?
> Lorenzo: To my knowledge--and I would know--no. (BC 122-
>   124)

Die Suggestivfragen der Anklagebehörde, die sämtlich von der Aufklärung des Verbrechens ablenken, machen deutlich, daß das Gericht überhaupt nicht an einer unparteiischen Wahrheitsfindung interessiert ist. Die Wahrheit versucht vielmehr der Anwalt der schwarzen Nebenkläger ausfindig zu machen, doch finden seine diesbezüglichen Fragen im Verlauf der Verhandlungsführung keinerlei Beachtung, wie überhaupt die Zeugenbefragungen isoliert voneinander geschehen und unverknüpft nebeneinander herlaufen.

Die Gesprächsdominanz des Staatsanwaltes über den Anwalt der Nebenkläger demonstriert dabei symbolisch die Machtverteilung im Gerichtssaal und läßt, nicht zuletzt auch aufgrund des Rollentausches der beiden, die Verhandlungsführung zu einer Farce werden.

Dieser negative Aufklärungseffekt des Stückes darf sicherlich als vom Autor intendiert angesehen werden. Wie bei den beiden vorherigen Akten haftet auch dem III. Akt wieder der Charakter eines abgebrochenen Arguments an, dessen Weiterführung bzw. Ausführung zum Rezipienten zufällt. Nachdem die Justiz als Rassenjustiz entlarvt, der Mörder freigesprochen ist und der Zuschauer im Anschluß an diese Freisprechung noch einmal

Zeuge des Verbrechens wird, wird die Erfolglosigkeit gewaltfreier Rassenpolitik überdimensioniert deutlich. Hierin ist, wenn nicht gar Pessimismus, so doch eine ausgesprochene Ratlosigkeit auf Seiten des Autors zu sehen. Anstelle einer möglichen Handlungsanweisung, die sowohl dem Naturell Baldwins wie auch seinen schriftstellerischen Intentionen zuwiderlaufen würde, bleibt nur noch der resignierende Verweis Meridians auf die Selbstverteidigung der frühen Christenheit. So wie dort die Ausbreitung des Christentums immer zugleich Verfolgung bedeutete, scheint in rassenpolitischer Analogie der Versuch der Durchsetzung zu Gleichberechtigung und Gleichheit Verfolgung und sogar Tod nachsichzuziehen. Der Hinweis auf die Möglichkeit einer aktiven, d.h. bewaffneten Selbstverteidigung muß, sieht man ihn im Rahmen des Gesamtkontextes von Baldwins Schaffen, als Diskussionsgrundlage verstanden werden, zumal der versöhnliche Schluß des Stückes durchaus neue Möglichkeiten von Gemeinsamkeiten zwischen Weissen und Schwarzen eröffnet. Wie eine derartige Gemeinschaft auf gesellschaftspolitischer Basis aussehen könnte, bleibt der Reflexion des Lesers überlassen. Die Möglichkeiten und Schwierigkeiten einer derartigen Realisierung auf <u>individueller</u> Ebene werden dann zum zentralen Anliegen des vierten Romans, <u>Tell Me How Long the Train's Been Gone</u>.

E. Die Welt als Bühne:
Tell Me How Long the Train's Been Gone

Der in <u>Blues for Mister Charlie</u> erstmals angedeutete aktive Weltbezug eines schwarzen Protagonisten stellte einen Scheideweg in der literarischen Entwicklung von James Baldwin dar. Die nach dem Scheitern von Richard erfolgte Aufgabe möglicher Handlungsanweisungen entwickelt sich in dem 1968 erschienenen Roman <u>Tell Me How Long the Train's Been Gone</u> zu einem Rückzugsverhalten aus der Gesellschaft. Verbunden mit der Preisgabe möglicher Handlungsfähigkeit überhaupt ist nun ein Hang zur Melancholie,[57] der begründet ist in dem "verhinderten Zugang zur Welt und ihrer Bewältigung und das Zurückwerfen des Menschen auf eine Situation bedeutet, in welcher ihm die Welt entzogen wird".[58]

Ort der Gesellschaftsflucht wird die Bühne, so daß sich das Schauspielen selbst im Blick auf den Rassenkonflikt als Reaktion auf den Entzug relevanter Handlungsmöglichkeiten begreifen läßt. Dieser Rückzug aus der von der rassischen Unterdrückung her vorbestimmten alltäglichen Wirklichkeit in eine gleichsam über dieser Wirklichkeit liegende Reflexions- und Erlebnisebene ermöglicht es Baldwin zum erstenmal einen Protagonisten vorzuführen, der nicht länger ein Opfer rassenpolitischer Unterdrückung ist. Im Gegensatz zu den bisherigen fiktionalen Werken wird jetzt ein relativ autonomes schwarzes Individuum dargestellt, das trotz seiner Liebesbeziehung zu einer Weißen der schwarzen Gemeinschaft nicht länger entfremdet ist. Diese neue Daseinsweise scheint jedoch nur auf dem Hintergrund der Schauspielerexistenzen der Romanfiguren verständlich und überhaupt möglich zu werden. Denn nicht im alltäglichen gesellschaftlichen Handeln sondern im Spiel des Schauspielers scheint die einzige Handlungsmöglichkeit für den Schwarzen überhaupt zu liegen. In Ergänzung zu der in <u>Another Country</u> durch zwischenmenschliche Liebe gekennzeichneten symbolischen Gegenwelt, die im Blick auf Rufus ja scheiterte, tritt jetzt die Schauspielermetapher, welche aufgrund ihrer ästhetischen Daseinsform den für den Schwarzen so bedrückenden Wirklichkeitszustand gewissermaßen ästhetisch verändert, so daß für ihn eine neue "Andere Welt", eine Scheinwelt, entsteht.

1. Erzählsituation und literarische Grundstrukturen

Ich-Erzähler und Hauptfigur des Romans ist der erfolgreiche schwarze Schauspieler Leo Proudhammer, der während einer Theateraufführung einen Herzanfall erleidet und in ein Krankenhaus eingeliefert wird. Der Zusammenbruch auf der Bühne ist dabei gleichbedeutend mit einem Zusammenbruch seiner bisherigen Existenz, welche ihm die Deutung des Lebens als Spiel und dadurch ein sinnvolles Sein vorgegeben hatte. Der Krankheitszustand führt zu einer Entfernung von diesem ausschließlich rollenbezogenen Selbst, was sich erzähltechnisch gesehen, in der Episodenstruktur des Romans niederschlägt. Leos erlebendes Bewußtsein pendelt nämlich zwischen der Gegenwartsebene des Krankenhausaufenthaltes und der späteren Entlassung sowie zwischen Rückerinnerungen an seine Jugendzeit in Harlem, an das erste Zusammensein mit der Weißen Barbara King und seiner Berufsentwicklung hin und her. Zwischen Vergangenheits- und Gegenwartsebene entfaltet sich jedoch kein kontinuierlicher Assoziationsprozeß, so daß der Darstellung kein linearer Entwicklungsgang zugrunde liegt.

Der aus drei Teilen bestehende Roman, der mit dem Zusammenbruch auf der Bühne begann, endet mit der Rückkehr auf die Bühne, so daß sich als grundlegendes Kompositonsprinzip das Bild einer Kreisbewegung ergibt. In diesem Ablauf beschreibt der Romananfang die Infragestellung der durch die Schauspielerrolle verkörperten ästhetischen Position, die einzelnen Rückbesinnungen stellen den Versuch einer Durchdringung und Vergegenwärtigung dieser Haltung dar, während der Romanschluß durch die Rückkehr auf die Bühne diese Position bestätigt und damit den Kreis gleichsam schließt.

Durch diesen Deutungszusammenhang wird der Akt des Erzählens als Prozeß der Selbstfindung aufgefaßt. Der Erzählvorgang selbst konstituiert erst jene Situation, für die Musil das ausdrucksvolle Bild des Lebensfadens verwendete.[59] Diese Metapher, die nicht so sehr die "Besinnung" als vielmehr das "Nacheinander von Tatsachen" meint, wodurch der Anschein entsteht, daß "das Leben einen Lauf habe"[60] und damit gleichzeitig eine gewisse Geborgenheit erzeugt, scheint auch dem Erzählvorgangs Leos zugrunde zu liegen. Das Erzählen wird so zu einem "Grundverhältnis zu sich selbst",[61] das dem eigenen Leben erst sinnstiftende Bezüge verleiht, da es Distanz zur Gegenwart und damit auch eine in den Rückblenden zum Ausdruck kommende Ordnung der Vergangenheit bewirkt.

Die Anlage des Romans als assoziativ vermittelter Erinnerungsroman ist der Versuch Leos, sein bisheriges Leben zu durchdenken und vor sich ablaufen zu lassen. Doch anders als im Falle des Ich-Erzählers von Ellisons <u>Invisible Man</u> etwa dienen seine Erinnerungen an einzelne Lebensstationen nicht dazu, diese retrospektiv in Bezug auf Zeiterscheinungen zu reflektieren. Eher befindet sich Leo ähnlich wie Bellows Herzog in der Situation desjenigen, der sein Leben szenarisch vor sich ablaufen läßt, um sich Rechenschaft über sich selbst abzulegen. In beiden Fällen ist der Erzählvorgang durch ein Bestreben alles zu rechtfertigen gekennzeichnet. Die weltimmanente Rechtfertigung und die damit verbundene Verständnissuche für Handlungsmotive begründen die Ähnlichkeit in der Ausgangssituation der beiden Protagonisten. Im Gegensatz zu Leo ist Moses Herzogs Streben nach einer Standortbestimmung begleitet von einer Auseinandersetzung mit verschiedenen geistigen Positionen, so wie sie die anderen Romanfiguren verkörpern. Diese Herzog gegenübergestellten Realitätspositionen ermöglichen so eine Form der Darstellung, die die Probleme der jüdischen Minderheit dergestalt durchleuchtet, daß sie als repräsentativ für diesen Bevölkerungsteil gelten können. In <u>Tell Me How Long the Train's Been Gone</u> wird eine derartige Form der Auseinandersetzung durch den Erzählvorgang selbst ausgespart. Leos Rechenschaftsbericht wirkt so relativ oberflächlich und zwangsharmonisierend.

Zwischen der Erzähltechnik und der Art der Wirklichkeitserfassung besteht ein enges Korrespondenzverhältnis. Da die rückbezogenen Erzählvorgänge stets in das Bewußtsein eingegliedert sind, ergibt sich eine Einheit von assoziativ erlebendem Bewußtsein und äußerer Welt, die jegliche Konfrontation mit Inhalten und Ereignissen unmöglich zu machen scheint. Ähnlich wie in <u>Another Country</u> liegt auch diesem Roman eine stark szenarisch bestimmte Darbietungsstrategie zugrunde. Während in dem früheren Werk jedoch die ständig wechselnden Szenen und Perspektiven nicht durch einen übergreifenden Standpunkt zusammengehalten wurden, bindet in diesem Roman das Kompositionsprinzip des Kreises die einzelnen Episoden der Vergangenheitsebene zusammen.

Lediglich der II. Teil, der eine Episode, die bereits im ersten Romanteil angesprochen wurde, wieder aufgreift und zentral verarbeitet, weicht von dem Darstellungsprinzip, das die Rückwärtsbezüge aus der Gegenwartsebene assoziativ herleitet, ab. Dieser II. Teil, der die Entwicklung der Beziehung mit Barbara schildert, wird nämlich als selbständige Einheit, die nicht mit dem Gegenwartsrahmen verknüpft ist, erzählt. In dieser von der Gegenwartssituation der I. und III. Romanteile losgelösten Erzähleinheit liegt wiederum wie in <u>Go Tell It on the Mountain</u> und <u>Another Country</u> jene kompositionelle Schwäche Baldwins, die aufeinanderbezogenen Erähleinheiten unverknüpft läßt.

Diese ästhetische Unzulänglichkeit hängt offenbar von
der Besonderheit des erzählenden Bewußtseins ab. War <u>Giovanni's
Room</u> noch durch einen kontinuierlichen Rückbesinnungsprozeß,
der dem Roman seine ästhetische Geschlossenheit verlieh, gekennzeichnet, so erscheint die Ich-Erzählung in <u>Tell Me How
Long the Train's Been Gone</u> gewissermaßen selbst als Bühne, auf
der die Erlebnisse sich als Bilder einstellen, die ihr eigenes
Leben führen und denen der Erzähler nur zuschauen kann. Die
"Doppelexistenz" des Ich-Erzählers als "Akteur und Vermittler"[62]
ist hier verschoben zugunsten einer Doppelrolle von Berichter-
statter und passivem Erlebnissubjekt. Zwar liegt im Erzählvorgang selbst nach wie vor jener angesprochene Prozeß der Selbstfindung, doch wird dieser entscheidend durch ein künstlerisches
Daseinsverständnis vorherbestimmt, dem selbstgestaltende Akti-
vitäten fremd sind. Diese auf Innerlichkeit ausgerichtete Haltung, die sowohl die Wirklichkeitserfassung des Perspektiventrägers wie auch die Erzählhaltung selbst bestimmt, kehrt auf
der Ebene inhaltlicher Ausgestaltung dann in der Funktion der
Schauspielerrolle wieder.

2. Die Bedeutung der Schauspielerrolle

Kurz nach seinem Herzanfall auf der Bühne erlebt Leo in
seinem Bewußtsein einige Eindrücke aus seiner Kindheit, die
bereits all jene Elemente vorwegnehmen, die sich für seinen
späteren Lebensweg als charakteristisch erweisen werden:

> The light that fell backward on that life of mine revealed
> a very frightened man--a very frightened boy. The light
> did not fall on me, on me where I lay now. I was left in
> darkness, my face could not be seen. In that darkness I
> encountered a scene from another nightmare I had had as
> a child. In this nightmare there is a book--a great,
> heavy book with an illustrated cover. The cover shows a
> dark, squalid alley, all garbage cans and dying cats,
> and windows like empty eye-sockets. The beam of a flash-
> light shines down the alley, at the end of which I am

> fleeing, clutching something. The title of the book in
> my nightmare is, We Must Not Find Him, For He Is Lost.
> (TM 14)

Die Bildersprache betont hier zunächst das Motiv der Angst,
welche Leos Leben immer begleitete und als Grundbefindlichkeit seines Daseins anzusehen ist. Dieser Zustand ist in seiner Jugendzeit begründet, die in der Metapher des Buches und
den nachfolgenden Bildern angesprochen wird. Faßt man in diesem Zusammenhang das Bild des Buches als Metapher seines Lebensweges auf, so lassen sich die übrigen Bilder der dunklen
Gasse, der Abfalleimer und der sterbenden Katzen als Symbole
verstehen, die von der Erbärmlichkeit und Trostlosigkeit seines früheren Daseins künden. Sein Versuch, aus dieser Existenzweise zu entfliehen, wird programmatisch in dem Buchtitel fest-
gehalten: denn der Neger, der der Armseligkeit seiner Umwelt
zu entkommen sucht, scheitert in der Regel. Leos Lebensweg
stellt deshalb einen Versuch dar, aus diesem Dasein zu entrin-
nen, und erst sein Krankenhausaufenthalt läßt ihn diesen Flucht-
versuch und dessen Bedeutung durchdenken und rechtfertigen.

Bereits in seiner Jugend sieht Leo in Schauspielern eine
Art Traumvorbild, da ihre Lebensweise ihm eine andere, bedeu-
tendere Wirklichkeit als die, die er von seinem eigenen Lebensbereich her kennt, zu verheißen scheint: "They [actors] were
not like people I had ever seen and this made them, irrevocably,
better. ... But only the faces and the attitudes were real, more
real than the lives we led, more real than our days and nights."
(TM 33) Die Möglichkeit artistischer Weltauslegung eröffnet
für ihn eine neue, positive Lebensfunktion, da er in der künstlerischen, d.h. schauspielerischen Betätigung Auswege aus seinem von Armut und Rassenunterdrückung geprägten Dasein sieht:

> One very famous actress struck me as having very narrowly
> missed being a dwarf: but she had seemed very tall, in
> her regal robes, when I had seen her on the stage as the
> queen of all the Russians. It may have been that night
> that I really decided to become an actor--really became

> committed to this impossibility. It is certain that this
> night brought into my mind, in an astounding way, the
> great question of where the boundaries of reality were
> truely to be found. If a dwarf could be a queen and make
> me believe that she was six feet tall, then why was it
> not possible that I, brief, wiry, dull dark me, could
> not become an emperor--The Emperor Jones, say, why not?
> (TM 76)

In der Rolle des Schauspielers deutet sich für ihn so eine Möglichkeit an, das Bedrückende in der Wirklichkeit <u>scheinbar</u> zu verändern. Ähnlich wie der Musik kommt auch der Kunst eine ordnungs- und sinnstiftende Lebensfunktion zu. Im Gegensatz zum Blues jedoch, der aufgrund seiner unmittelbaren Wiedergabe schwarzer Lebenserfahrung zum ästhetisch umgesetzten Spiegelbild des Lebens wurde, vermag die Kunst durch ihren Scheincharakter die Welt nur erträglich zu machen. War der Musiker als Reflektor der schwarzen Existenzweise noch der Interpret und Bedeutungsträger des schwarzen Lebenszusammenhanges, so tritt nun an seine Stelle das Schauspiel als persönliches Mittel, um in einer von Rassenkonflikt gekennzeichneten Welt bestehen zu können.

Im Zusammenhang mit dieser so wesentlichen thematischen Verschiebung ist die Veränderung in der Ausgestaltung der Hauptfigur zu sehen. Die allen bisherigen Baldwinschen Protagonisten zugrunde liegende rassenpolitisch bedingte Unausgewogenheit von individuellem und sozialem Selbst wird aufgegeben zugunsten eines Rollenkonzeptes. Denn Leo ist nicht Opfer sondern <u>Träger</u> einer selbstgewählten Rolle--das Rollenspiel in seiner Ausprägung durch die zentrale Schauspielmetapher wächst damit zu einer Vorstellung, die von einer neuen Grundbefindlichkeit schwarzer Existenzweise kündet.

Den Ausgangspunkt dieser veränderten Einstellung bildet die Einsicht Leos in die Notwendigkeit, den durch die Rassenunterdrückung motivierten aufbegehrenden Zorn zu beherrschen:

> I was beginning to apprehend the unutterable dimensions
> of the universal trap. I was human, too. And my rage was

> revealed as my pain--my pain--and my rage could have no
> reason, nor submit to my domination, until my pain was
> assessed; until my pain became invested with a coherence
> and an authority which only I, alone, could provide. And
> this possibility, the possibility of creating my language
> out of my pain, of using my pain to create myself, while
> cruelly locked in the depths of me, like the beginning
> of life and the beginning of death, yet seemed, for an
> instant, to be on the very tip of my tongue. My pain was
> the horse that I must learn to ride. (TM 89/90)

Die Art der Sprachverwendung fällt hier deutlich hinter die angesprochenen emotionalen Befindlichkeiten zurück. Leos Schmerz und Zorn werden benannt, ohne daß sie in der Redepartie selbst zum Ausdruck kämen. Zwischen der Benennung einerseits und der aktualisierten Rede andererseits entsteht so eine Form der Ungleichgewichtigkeit, die die Sprache Leos als gekünstelt und unnatürlich erscheinen läßt.

Die angeführte Textstelle, die an Baldwins eigene Charakterisierung des schwarzen Lebensgefühls erinnert, deutet an, daß für Leo die einzige Möglichkeit zur Daseinsbewältigung in einer Kontrolle von angestauten Haß- und Aggressionsgefühlen liegt. Während Rufus diesen Gefühlszustand nur dadurch zu ertragen vermochte, daß er diese aufgestauten Leidenschaften zuerst gegen Leona und dann gegen sich selbst richtete, schafft sich Leo durch den Ausweg auf die Bühne jenen Freiheitsraum, der sowohl Richard wie auch Rufus verwehrt gewesen war.

Dieser im ästhetischen Bereich liegende Handlungsraum zeigt sich in der Schauspielmetapher und der damit verbundenen Vorstellung vom Rollenspiel des Menschen. Im Gegensatz zu Calderons Formel vom barocken Welttheater wird diese Begriffsverwendung hier jedoch ausschließlich in ihren soziologischen Bezügen verstanden. Der Rollenbegriff, speziell in seiner Schauspielmetaphorik, überlagert nämlich die rassisch diskriminierte Existenz des Schwarzen. Leo hilft sich gewissermaßen selbst, indem er für sich eine Rolle schafft, die ihn außerhalb der rassisch geprägten Wirklichkeit stellt und ihm damit eine Scheinwelt eröffnet.

Der angesprochene Sachzusammenhang wird in einer der zahlreichen Rückbesinnungen von Leo selbst kritisch erkannt: "We [Barbara/Leo] were ... in the process of living our play and playing with our lives. Preparing myself for my role--I was to live with this insane concept for many years--. ..." (TM 77) Dieser Selbsterkenntnis steht jedoch die Einsicht gegenüber, daß er von seiner Rolle als Schauspieler bereits so affiziert ist, daß der individuelle, d.h. ursprüngliche Zugang zur Wirklichkeit ihm verschlossen bleibt: "I was defined." (TM 100) Deutlich wird dies vor allem anläßlich einer Demonstrationsveranstaltung in New York, an der der Protagonist als einer der Hauptredner teilnimmt und die er in einem seiner Rückbesinnungsvorgänge im Krankenhaus wieder erlebt. Das in Leos Bewußtsein noch einmal ablaufende Ereignis betont besonders die ausschließlich im ästhetischen Bereich liegende Wirklichkeitserfahrung: "There is a truth in the theatre and there is a truth in life--they meet, but they are not the same, for life, God help us, is the truth. And those disguises which an artist wears are his means, hot of fleeing from the truth, but of attempting to approach it. ... One's disguises are designed to make the truth a quantity with which one can live--or from which one can hope, by the effort of living, to be delivered. ... Perhaps by this time my disguises were indistinguishable from myself--and I was very frightened." (TM 101) Diese Szene unterstreicht, daß Leo zwar noch zwischen Sein und Schein, d.h. zwischen der rassisch geprägten Wirklichkeit und der eigenen Lebenswirklichkeit zu unterscheiden vermag, doch läßt ihn dieses Differnzierungsvermögen nicht ein "Gleichgewicht zwischen rollenbestimmtem Verhalten und Autonomie", in der erst "die Freiheit des Menschen als gesellschaftlichem Wesen"[63] sich erfüllt, finden. Eine handlungsbezogene Wirklichkeitsbetrachtung ist ihm nicht länger möglich, so daß der Rückzug in die ästhetische Welt des Scheins zum Ausdruck einer Handlungsbeschränkung, zu einer Art sozialem Handlungsersatz wird.

Die Kunst wird so für Leo zu einem Mittel der Selbstbefreiung und dadurch gleichzeitig zu einer Überlebensmöglichkeit schlechthin, da ihr eine Erlöserfunktion zukommt. Das Thema der <u>Erlösung</u>, das in den Essays durch die Konzeption der säkularisierten Liebesethik angesprochen und in der Beziehung zwischen Ida und Vivaldo als Möglichkeit offen gelassen worden war, wird nun, begünstigt durch die ästhetische Existenzweise, erstmalig realisiert. Leos Wirkungsintention als Schauspieler zielt nämlich auf jene Vermittlung zwischenmenschlicher Liebe--... "to fill this theatre with our lives. This was, perhaps, my highest possibility of the act of love" (TM 122)--, die dann zur Grundlage seiner Beziehung zu der weissen Berufskollegin Barbara King wie auch zu dem Black-Power-Sympathisanten Christopher Hall wird.

3. Die Welt der zwischenrassischen Beziehungen:
   Die Idylle von Barbara und Leo

Das offene Ende der Beziehung von Ida und Vivaldo, das im Blick auf das fiktionale Gesamtwerk des Autors als abgebrochenes Argument aufgefaßt wurde, wird in dem Liebesverhältnis des Schwarzen Leo zu der Weißen Barbara wieder aufgenommen. War eine zukunftgerichtete Grundlegung im Zusammenleben von Ida und Vivaldo nur dadurch möglich geworden, daß der Weiße durch die Schwarze zu einer gleichsam tieferen Lebenseinsicht gelangte, so ist diese Gleichwertigkeit in der Lebenseinstellung bereits Ausgangspunkt in der Beziehung von Leo und Barbara. Die im Falle von Rufus und Leona noch konstatierte "ritualistic quality", die das Verhältnis der weißen Frau zu dem schwarzen Mann bestimmte, ist jetzt verschoben zugunsten eines <u>idealtypischer</u> Verhältnisses, das dieser neuen, zwischenrassischen Beziehung <u>voraussetzungslos</u> zugrunde gelegt wird.

Der Gegensatz zu den früheren zwischenrassischen Paaren liegt zunächst vor allem in der Unterschiedlichkeit der sozialen Herkunft. Als einzige Tochter eines reichen Großgrundbesitzers aus den Südstaaten ist Barbara die Verkörperung der "southern belle", deren Schönheit und finanzieller Reichtum Leos Armseligkeit kontrapunktisch gegenübergestellt sind: "She looked like the rather proud daughter of proud Kentucky landowners. I was always delighted and secretly intimidated when she dressed, for I could not meet her on that ground at all. It made me wonder what she, really, in her secret heart, thought of me, what she thought of all of us. The world in which we lived threatened, every hour, to close on the rest of us for ever. We had no equipment with which to break out-- and I, least of all. But she could walk out of it at any instant she chose." (TM 70)

Das relative Sicherheitsgefühl, das Barbaras Leben auch in den gemeinsamen Jahren des gesellschaftlichen Außenseitertums in Greenwich Village immer begleitete, bildet den entscheidenden Unterschied zu dem von Lebensangst geprägten Dasein Leos. Ungeachtet dieser Unterschiede nimmt sie jedoch innerhalb des weißen Figurengeflechtes eine Sonderstellung ein. Die bislang stets nur Schwarzen zugeschriebenen Eigenschaften wie Liebesfähigkeit und Lebensstärke sind nämlich auch die zentralen Charaktereigenschaften Barbaras, die dadurch zu der ersten weißen Romanfigur Baldwins wird, die dem Schwarzen vorurteilsfrei und gleichzeitig verständnisvoll begegnet.

Die von Baldwin idealtypisch vorausgesetzte Charakterstärke Barbaras, die bezeichnenderweise weder erzählt noch erörtert wird, stellt zusammen mit der Art des sexuellen Verhältnisses zwischen den beiden zwei jener zahlreichen Trivialisierungsaspekte dar, die diesen Roman entscheidend von früheren Werken des Autors abheben. Das von Leo fast als märchenhaftes

Wunder empfundene Ereignis der ersten Begegnung, die er auch
in der Gegenwartsebene immer noch nicht zu begreifen vermag--
"Perhaps it could only have happened as it happened. I don't
know. I had, then, to suspend judgment, and I suspend judge-
ment now. We had no choice." (TM 235)--wächst so zu einem gewissermaßen schicksalhaft vorherbestimmten Zusammentreffen.
Hiermit verbunden ist eine Tendenz zur <u>Zwangsharmonisierung</u>,
die Schwierigkeiten im täglichen Lebensvollzug ausspart. Stattdessen greift Baldwin auf jenes alte Motiv der amerikanischen
Kultur- und Literaturgeschichte zurück, das in dem Begriff des
Erfolgsrezeptes anschaulich zum Ausdruck kommt.[64] Denn die einzige Möglichkeit zur Überwindung ihrer gesellschaftlich nicht
geduldeten Beziehung sieht Barbara im beiderseitigen individuellen Erfolgsstreben: "I watched her very closely. 'You mean,
you know it's impossible--that I'm impossible?' 'I don't know
if you are--no more that I am, anyway. But I know that <u>it</u> is--
at least, right now. ... We must be great. That's all we'll
have. That's the only way we won't loose each other.'" (TM 236)

Der gemeinsame berufliche Erfolg, der insbesondere im Fall
Leos den Aufstieg von "Rags to Riches" symbolisiert und dadurch auf den Topos des "Hollywood Mythos"[65] zurückgreift, unterstreicht noch die trivialliterarischen Komponenten des Romans,
da die jugendlichen Nöte und Sehnsüchte erfüllt werden. Im Hinblick auf die rassenpolitische Aussage dieses letzten Romans
liegt das gesellschaftspolitische Ziel für den Schwarzen damit
in einer Partizipation an dem "American Dream". In dieser gewissermaßen verspäteten Teilhabe des Schwarzen an jenem ("weissen") amerikanischen Kulturtopos manifestiert sich eine trivial-
bürgerliche und, vergleicht man die literarische Szene der zweiten Hälfte der 60er Jahre, zugleich anachronistische Einstellung, die ganz im Gegensatz zu zahlreichen zeitgenössischen
schwarzen Schriftstellern nicht auf revolutionäre Umgestaltung

oder nur einer Rückbesinnung auf typisch schwarzes Kulturgut abzielt, sondern direkt die Integration in die von Weißen dominierte Gesellschaft anstrebt und diesbezüglich zumindest in diesem Punkt der bereits erörterten Baldwin-Kritik Cleavers Recht zu geben scheint.

Die von Barbara und Leo vollzogene Überwindung des Rassenkonfliktes stellt gerade im Vergleich zu den anderen zwischenrassischen Beziehungen nicht nur eine Trivialisierung sondern auch einen entscheidenden Rückschritt dar. Die diesem Lösungsversuch zugrunde liegende Erfolgsideologie und die damit verbundene Aussparung von Schwierigkeiten in der gemeinsamen Lebensgestaltung führen eine Scheinwelt vor, die die in <u>Another Country</u> erörterten Probleme eher negiert als weiter diskutiert. An die Stelle der Auseinandersetzung mit den Problemen der Alltagswelt ist das Bild des Schauspielers und die damit verbundene Vorstellung vom Spiel als dem Mittel, um in der Welt bestehen zu können, getreten. Die gleichzeitige Darbietung der Hauptpersonen in einem außerhalb der gesellschaftlichen Spezifikation und Hierarchie liegenden künstlerischen Bereich vermittelt dadurch den Anschein einer intakten vom Rassenkonflikt unberührten Welt. Diese Welt erscheint jedoch zukunftslos, da dem Zusammensein von Leo und Barbara die Finalität der Beziehung fehlt. Als "incestuous brother and sister" (TM 372) vermögen sie ihr Verhältnis nämlich nur um die Preisgabe gemeinsamer Lebensgestaltung zu verwirklichen. Damit fällt die Darstellung noch hinter das offene Ende der Beziehung von Ida und Vivaldo zurück. War dort aufgrund der abgebrochenen Darbietung, die allerdings die Schwierigkeiten im gemeinsamen Lebensvollzug mit thematisierte, die weitere Realisation der Reflexion des Lesers überlassen, so dominiert in <u>Tell Me How Long the Train's Been Gone</u> eine Zukunftslosigkeit bzw. Ratlosigkeit, die nicht zuletzt durch die zahlreichen Trivialisierungstendenzen eher noch verstärkt als gemindert wird.

4. Leos Position in der Auseinandersetzung des Rassenkonfliktes

Die anhand der Essays erörterte rassenpolitische Position Baldwins, die an dem oppositionellem Metaphernpaar "amputation" und "gangrene" und deren dialektischer Überwindung durch eine säkularisierte Liebesethik aufgezeigt worden ist, findet ihre fiktionale Ausgestaltung in der Beziehung Leos zu dem jüngeren, rassenbewußten Christopher. Im Verlauf der bereits erwähnten Demonstrationsveranstaltung, bei der Leo als Gastredner auftritt, wird anhand seines rückblickenden Bewußtseins die Unterschiedlichkeit ihrer Positionen deutlich. Im Gegensatz zu der militanten Haltung Christophers--"Christopher did not believe that deliverance would ever come--he was going to drag it down from heaven or raise it up from hell" (TM 99)--steht Leos passiver Weltbezug, der in seiner ästhetischen Existenz begründet ist: "our differences were reducible to one: I was an artist". (TM 99) Die dieser Haltung entspringende Gesellschaftseinstellung wird metaphorisch durch den Buchtitel zusammengefaßt, denn das Bild des abgefahrenen Zuges drückt Endgültigkeit und Unabänderlichkeit aus. Unterschwellig verkündet dieses Bild sogar einen gewissen fatalistischen Zug, symbolisiert es doch einen abgeschlossenen Lebensweg, dessen Richtung nicht mehr zu ändern ist. Im Blick auf den Rassenkonflikt bedeutet dieses Bild im Zusammenhang mit der spezifischen Existenzweise des Schauspielers, daß die Gesellschaft letztlich nur noch als das Nichtveränderbare erkannt wird.

Angesichts der bedrückenden rassenpolitischen Wirklichkeit erkennt Leo jedoch bei aller Rechtfertigung des eigenen Lebensweges, daß seine Entscheidung nicht verallgemeinert werden kann. Trotz der Einsicht in die Unfähigkeit seiner weißen Landsleute zur Veränderung dieses Zustandes--"These people would not change, they could not, they had no energy for change; the very word caused their eyes to unfocus, their lips to loosen or

tighten, and sent them scurrying into their various bomb-
shelters." (TM 283)--hält er eine radikale Umgestaltung dieser rassisch geprägten Wirklichkeit für eine "amputation":
"But, in fact, it seemed to me that Christopher's options
and possibilities could only change when the actual framework changed: and the metamorphosis of the framework into
which we had been born would almost certainly be so violent
as to blow Christopher, and me, and all of us, away". (TM
283) Der hier zum Ausdruck kommende Pessimismus, der Leo nur
durch die mit seinem Beruf verbundene ästhetische Scheinwelt
nicht den Zustand der "gangrene" erleben läßt, wird in seinem
Verhältnis zu Christopher aufgefangen durch den individuellen
Weg aktiver Nächstenliebe: "Well, yes, I saw at last what was
demanded of me. I would have to build a nest out of materials
I would simply have to find, and be prepared to guard it with
my life; and feed this creature Christopher and keep it clean,
and keep the nest clean; and watch for the moment when the
creature could fly and force those frightened wings to take
the air." (TM 97) Innerhalb des anhand der Essays dargestellten
Argumentationsschemas des Autors verkörpert Leo demnach genau
jene Haltung aktiver Nächstenliebe, in der Baldwin eine Lösungsmöglichkeit zur Überwindung der durch den Rassenkonflikt
bedingten Probleme sieht.

   Die rassenpolitische Aussage, die der Roman in der Person
des Ich-Erzählers vorführt, zielt primär auf einen Wandel des
Individuums durch das Mittel der Nächstenliebe. Dieser ausgesprochenen konservativen Haltung ist die radikale Position
Christophers kontrapunktisch gegenübergestellt. Eine Erörterung dieser extrem unterschiedlichen Einstellungen wird in der
Darbietung jedoch bezeichnenderweise ebenso ausgespart wie
auch die Darstellung der Demonstrationsveranstaltung eine
Fixierung von Inhalten dieses Ereignisses vermeidet. Konnte in

Blues for Mister Charlie dieses aussparende Prinzip noch im
Sinne eines abgebrochenen Argumentes gedeutet werden, so
scheint in dieser Auslassung jetzt eine weitere auf Zwangs-
harmonie beruhende Trivialisierungstendenz zu liegen.

Christophers aufbegehrender Zorn gegen die rassische
Unterdrückung--

> All these laws and speeches don't mean shit. They do not
> mean shit. It's the spirit of the people, baby, the
> spirit of the people, they don't want us and they don't
> like us, and you see that spirit in the face of every cop.
> Them laws they keep passing, shit, they just like the
> treaties they signed with the Indians. Nothing but lies,
> they never even meant to keep those treaties, baby. They
> wanted the land and they got it and now they mean to keep
> it, even if they have to put every black mother-fucker
> in this country behind barbed wire, or shoot him down
> like a dog. It's the truth I'm telling you. And you better
> believe it, unless you want to be like your brother and
> believe all that okey-doke about Jesus changing people's
> hearts. Fuck Jesus, we ain't about to wait on him. ...
> 'You see what I mean', he asked me very gently. I nodded.
> He put one hand on my knee. 'You're a beautiful cat, Leo,
> and I love you'. (TM 406/407)--

erfährt keinerlei Resonanz durch Leo. Diese Textstelle, die einzige in dem Roman, in der eine besondere durch Aggressivität
und Vitalität sich auszeichnende Diktion zum Ausdruck kommt,
verdeutlicht noch einmal auf sehr prägnante Weise die angesprochene Tendenz zur Zwangsharmonisierung. Christophers Idiom,
der in seinem stakkatohaften Rhythmus an den Beat erinnert und
dadurch als ursprünglich schwarze Sprechweise anzusehen ist,
ändert sich augenfälligerweise sofort in dem Augenblick, wo die
persönliche Bindung zu Leo angesprochen wird. Damit wird von
der Art der Sprachverwendung bereits ersichtlich, wie sehr unterschiedliche Lebenseinstellungen durch eine gleichförmige,
den Einzelnen bis auf diese eine Ausnahme nicht länger differen-
zierende Sprechweise harmonisiert werden. Die hiermit verbundene
Aufgabe typisch schwarzer Redeform deutet im Zusammenhang mit
der auf Harmonie abzielenden Darstellung wieder einen Normen-

und Werthorizont an, der auf einen intendierten weißen Leser abzuzielen scheint. Christophers aufbegehrender Zorn, seine rassenpolitisch militante Haltung wirken so im Blick auf das Gesamtgefüge des Romans gekünstelt und fast unglaubwürdig. Ähnlich wie in <u>Blues for Mister Charlie</u> fällt auch die sprachliche Ausgestaltung hier hinter die Anlage des Charakters zurück und begründet eine Form der Inkonsistenz in der Darbietung, die immer dann aufzutreten scheint, wenn Baldwin aufbegehrende Figuren vorführt.[66]

Die in dem Romanschluß angedeutete Rückkehr auf die Bühne läßt das erzählte Geschehen zu einer symbolischen Kreisbewegung werden. Der Versuch der Vergegenwärtigung und Rechtfertigung des Lebensweges eröffnet jedoch aufgrund der genannten trivialliterarischen Aspekte keine neuen Bezüge. Zwar wurde der Akt des Erzählens selbst als Deutungsversuch von Leos Leben aufgefaßt, doch zeigt sich im Blick auf die zahlreichen Aussparungen und insbesondere im Blick auf das Romanende, daß substantiell sich für Leo nichts verändert hat. Aus der Möglichkeit, sich besser kennenzulernen, erwächst ihm nämlich nicht die Fähigkeit, aus 'der Rolle zu fallen', d.h. die eigene Scheinwelt zu verlassen. Die völlige Flucht aus dem Handlungsraum in die Innerlichkeit und die damit verbundene trivialliterarische Züge annehmende 'ja-nein Entscheidung' nehmen dem Roman gleichzeitig jeglichen antizipatorischen Wert. Der Rückzug in ein rein esoterisches Dasein ähnelt in seiner Existenzgestaltung so Baldwins eigener Kunstauffassung und Gesellschaftseinstellung; im Vergleich zu den anderen Protagonisten stellt die Lebensweise Leos lediglich eine "existenzielle Modifikation",[67] in der nicht die Welt, sondern die Haltung gegenüber der Welt verändert wird, dar. In dieser die Kunst zum Handlungsersatz reduzierenden Einstellung wird der Rassenkonflikt letztlich als ein Gegebenes, das nicht veränderbar ist, begriffen, so daß nur in der ästhetischen Scheinwelt des Künstlers noch eine sinnvolle Existenzmöglichkeit zu liegen scheint. In diesem Rückgriff auf ein dominierendes Motiv der Literatur des 19. Jahrhundert[68] kommt abschließend überdeutlich die individualistisch-bürgerliche und, vergleicht man Baldwin mit anderen zeitgenössischen schwarzen Autoren, zugleich anachronistisch wirkende Lebens- und Weltanschauung des Autors zum Ausdruck.

Zusammenfassung

Formen der Handlungsanweisung: Politische Aktivierung
vs. Liebesethik--John A. Williams und James Baldwin

Anhand der Darstellung des essayistischen Werkes von James Baldwin ist deutlich geworden, daß der Autor im Gegensatz zu Schriftstellern wie Jones, Cleaver und Jackson sich als ein rassenpolitischer Prophet versteht, der sich an eine intendierte weiße Leserschaft wendet. Durch diesen Sachzusammenhang erscheint seine schriftstellerische Rolle als eine Art rassenpolitischer Fürbitter und Vermittler, der warnend und bittend zugleich seine weißen Landsleute anspricht.

Der dieses Selbstverständnis begleitende passive Lebens- und Weltbezug begründet in den einzelnen fiktionalen Werken eine Protagonistenkonzeption, die ausschließlich handlungsgehemmte Individuen bedingt, die zumeist noch als rassische Opfer erscheinen. Erst der Roman <u>Tell Me How Long the Train's Been Gone</u> brachte eine Abkehr von diesem Darstellungsmuster, da anhand des Schauspielers Leo Proudhammer zum erstenmal ein Protagonist vorgeführt wurde, der nicht länger ein Opfer rassenpolitischer Unterdrückung ist. Diese Wende jedoch schien nur möglich zu sein durch die Preisgabe jeglicher Handlungsfähigkeit überhaupt. Das hieraus resultierende Rückzugsverhalten aus der Gesellschaft in die ästhetische Scheinwelt des Künstlers schien 1968 offensichtlich die einzige tragfähige Möglichkeit zu einer relativ unabhängigen Existenzgestaltung zu sein.

Diese Flucht aus dem Handlungsraum nahm dem Roman gleichzeitig jeglichen antizipatorischen Wert. Der hiermit verbundene Hang zur Melancholie, die oft zwangsharmonisierend wirkende Form der Darstellung sowie die Trivialität des Erfolgsrezeptes schienen eine schriftstellerische Entwicklungsrichtung anzudeuten, die, solange eine Klärung des Zusammenlebens schwarzer und weißer Amerikaner thematisiert wurde, fast unvermeidlich trivialliterarische Züge annehmen mußte.

Diese scheinbare Unvermeidbarkeit läßt sich besonders auf dem Hintergrund eines kontrastiven Vergleiches mit dem belletristischen Werk des Schwarzen John A. Williams erhellen. Ähnlich wie Baldwin problematisiert auch Williams in seinen ersten beiden Romanen The Angry Ones und Night Song das Zusammenleben schwarzer und weißer Amerikaner. Im Unterschied zu ersterem freilich, der mit Ausnahme seines bislang letzten Romans If Beale Street Could Talk ausschließlich die Armseligkeit schwarzer Existenz und den fast täglichen Kampf für die materielle Existenzsicherung vorführt, beschreibt Williams in seinen Romanen Problemstellungen aus dem Lebensbereich des schwarzen Mittelstandes. Insbesondere die Frage nach der moralischen Integrität und Verantwortung jenes mittelständischen Schwarzen, der außerhalb der Gettoarmseligkeit lebt, bildet eine der zentralen Themenstellungen seines fiktionalen Werkes.

Mit diesem literarischen Grundanliegen scheint sich Williams auch nicht länger an einer weißen Leserschaft zu orientieren. Diese--im Vergleich zu Baldwin--unterschiedliche Bewußtseinslage zeigt sich andeutungsweise bereits schon in den beiden ersten zwischenrassischen Romanen. Schon in Night Song, dem 1961 erschienenen Jazzroman, der ähnlich wie Another Country den Tod eines schwarzen Musikers schildert, ist die Gemeinsamkeit eines zwischenrassischen Paares weitgehend entproblematisiert. Zentrale Blickpunktgestalten sind stattdessen der Jazztrompeter Richie Stokes, der ähnlich isoliert und vereinsamt ist wie Rufus und schließlich an einer Überdosis Heroin stirbt, sowie der weiße, arbeitslose Collegelehrer David Hillary. Zwar eröffnet die Konfrontation mit der Härte und Schwierigkeit der schwarzen Lebenswelt Hillary die Möglichkeit eines Neubeginns ("I've had mixed feelings. First that I don't belong here, and second, that only by being here can I learn to begin to live again")[1] doch wird dieser Wunsch angesichts Hillarys Passivität bei der willkürlichen und brutalen Festnahme Stokes durch Polizeibeamte als Illusion entlarvt. Der Gedankenlosigkeit des Weißen, seiner Unwilligkeit und Unfähigkeit zu lernen, stellt der schwarze Barbesitzer Keel das Ethos einer Handlungsverpflichtung entgegen: "Studying him [Hillary], Keel thought: This is an example of a good white person, the kind who do nothing when it counts for everyone. ... 'All I did', Hillary mumbled, 'was nothing'. 'In this world you can't do nothing, because it's all not much, and you have to do something, anything positive to make it something. It can do nothing of its own logical accord.'"[2]

Dieser Appell an eine Handlungsethik wächst in den nachfolgenden Romanen zum zentralen Leitmotiv. So wird erstmals in dem 1968 erschienenen Buch The Man Who Cried I Am die Notwendigkeit betont, unabhängig von Weißen die eigene Existenz zu gestalten und auch zu verteidigen. Anhand seines Protagonisten Max Reddick führt Williams die Evolution eines der schwarzen Mittelklasse angehörigen Schriftstellers und Journalisten vor. Als erfolgreicher Mitarbeiter einer weißen, liberal gesinnten Zeitschrift, sowie als zeitweiliger Mitarbeiter des Präsidenten, sieht sich Reddick mit einer doppelten Isolation konfrontiert. Seine berufliche Tätigkeit bedingt einerseits eine zunehmende Entfremdung von den schwarzen Mitbürgern--"He had made it, they thought, and that made him less Negro; that made him no longer one of them. ... What's worse than being black? Being black and lucky"[3]--, während sie ihm gleichzeitig eine wachsende Einsicht in die Ausnutzung durch Weiße vermittelt. Die Erkenntnis, letztlich nur eine Feigenblattfunktion auszuüben, bedeutet so den Beginn einer Loslösung aus weißer Bevormundung. Insbesondere durch seinen Besitz an Schußwaffen wird dieses neue Selbstvertrauen symbolisch angedeutet: "I have some measure of peace now, because I can answer the white man's choice for the future: death or peace. I will only harm him if I know he means to harm me. I think he does".[4]

Zwar dominieren den Roman Bilder des Sterbens, der Verschwörung und des Todes und verleihen ihm damit von Beginn an eine Atmosphäre der Verzweiflung und Hoffnungslosigkeit, doch manifestiert sich gerade in Reddicks Kampf mit der eigenen Krebskrankheit jene sich einer Handlungsethik verpflichtend fühlende Form der Auflehnung, durch die sich Williams Protagonisten entscheidend von denen Baldwins unterscheiden. So wird das Bild des Krebses zum Symbol des schwarzen Lebenszustandes schlechthin: "He [Reddick] was sure of one thing: that he was; that he existed. The pain in his ass told him so."[5]

Die Krebsmetapher bestimmt damit den Rahmen, innerhalb dessen sich die Handlungsspielräume des Einzelnen befinden. An die Stelle der ästhetischen Scheinwelt, die Tell Me How Long the Train's Been Gone vorführte, ist bei Williams der Versuch einer "Demystification"[6] getreten, die gewissermaßen die Vorstellung des 'American Dream' auf den Kopf stellt. Wo für Baldwin noch eine schwarze Horatio Alger Story das für den Schwarzen Erstrebenswerteste zu sein schien, ist Williams anscheinend bereits jenseits eines derartigen Vorstellungshorizontes. Als umgekehrte Horatio Alger Story macht The Man Who Cried I Am deutlich, daß auch die Lebenswelt desjenigen Schwarzen, der dem Gettodasein entronnen ist, nichts an ihrer rassenpolitischen Problematik eingebüßt hat. Die Frage nach der moralischen Integrität des Einzelnen in der ihn unterdrückenden Gesellschaft, die Baldwin in dem Akt zwischenmenschlicher Liebe gewahrt sah, stellt sich gleichfalls auch für Williams, mit dem Unterschied freilich, daß für ihn diese Integrität nur durch einen Akt handlungsbezogener Selbstbestimmung zu erreichen ist. Die Konzeption der Baldwinschen Liebesethik wird bei Williams ersetzt durch einen Appell zur politischen Handlung--aus der

Warnung vor dem 'fire next time', die an die Weißen gerichtet war, entwickelt sich so ein Aufruf an die schwarze Mittelklasse.[7]

Dieser Veränderung des intendierten Leserkreises entspricht gleichzeitig eine Änderung im Wert- und Normengefüge der schwarzen Literatur. Der 1969 erschienene prophetische Widerstandsroman Sons of Darkness, Sons of Light mag als Paradigma dieses neuen Bewußtseins gelten. Die Handlung, die im Jahre 1973 spielt, zeigt durch den zentralen Perspektiventräger Gene Browning, dem Mitarbeiter einer Bürgerrechtsorganisation, die zunehmende Politisierung der schwarzen Mittelklasse. Den Rahmen der Handlung bilden Brownings Planung um einen Fememord an einem weißen Polizisten, der einen unschuldigen schwarzen Jungen erschossen hat. In diesen Rahmen hineingewoben sind verschiedene Erzählstränge, die die Lebensbereiche des Polizisten, der italienischen Organisation, die den Mord ausführen soll, sowie des jüdischen Mörders szenarisch beleuchten.

Das Zusammenwirken jener drei ethnischen Minderheiten bedingt den politischen Manifestcharakter des Buches. Doch wirkt gerade die Verkündigung der Vergeltung--"'An eye for an eye', Browning said, 'and a cop for a kid'"[8]--wie eine vom Autor diktierte Umkehr, die nicht erzählt wird, sondern eine Art politisches a priori bildet. Hierin scheint dann auch eine der wesentlichsten Schwächen in der Entwicklung von Williams als Romanautor zu liegen. Die allzu starke Regieführung des allwissenden Erzählers unterdrückt eine Entfaltungsmöglichkeit der einzelnen Charaktere. Deren Entwicklungen werden vorausgesetzt, nicht jedoch erzählt und wirken so häufig inkonsistent. Die individuelle Widerstandsgeschichte Gene Brownings etwa, seine Loslösung aus der Bürgerrechtsbewegung, erscheinen als problemlose Entscheidungen, die keinerlei Folgen nach sich ziehen. Diese scheinbare Folgenlosigkeit, sowie die Selbstverständlichkeit, mit der Browning den Mord plant, lassen den ur-

sprünglich handlungsethisch orientierten Ansatz von Williams
zu einem folgenlosen Aktionismus werden. Damit verliert jedoch gerade im Hinblick auf das intendierte Leserpublikum Sons
of Darkness, Sons of Light jeglichen antizipatorischen Wert--
die Schablone des reinen Aktionismus erstarrt in irrationaler
Prophetie. Als erwachsener Bigger Thomas erleidet Browning zwar
nicht das Schicksal von Wrights Protagonisten, doch scheint
Williams Roman, bei aller Unterschiedlichkeit insbesondere im
Hinblick auf die politische Bewußtseinslage, aus der die Autoren schreiben, eine ähnliche Schwäche wie Native Son aufzuwei-
sen. Beide falsifizieren nämlich gleichsam durch die Art der
Darstellung ihre eigenen Intentionen, da sie aufgrund ihrer
pre-determinierten Anlage weder einen Diskussionsbeitrag noch
eine Lösungsmöglichkeit aufzuzeigen vermögen.

    Williams Weg von einer Ethik der Handlungsverpflichtung
zu einem reinen Aktionismus kontrastiert so deutlich den schriftstellerischen Entwicklungsgang von James Baldwin. Beide Aus-
richtungen mögen dabei in ihrer jeweiligen Problematik stellvertretend für das Dilemma des schwarzen Autors sein--beide
suchen unterschiedliche Bezugsgruppen anzusprechen und diese
mit bestimmten Problembereichen des Rassenkonfliktes zu kon-
frontieren. Im Falle von Williams ist der betroffene Leser Angehöriger der schwarzen Mittelschicht, den der Autor politisch
zu aktivieren sucht. Williams steht aufgrund des von ihm gewählten Normen- und Wertgefüges so ganz in einer Linie mit all
jenen zeitgenössischen Autoren, [who] "do not deal in the
metaphysical or the moral oppression--they do not speak of
'love' ... they speak of revenge--black revenge",[9] während
James Baldwin sich primär an eine weiße Leserschaft wendet,
deren rassenpolitische Einstellung er durch das Mittel der
Nächstenliebe zu verändern sucht.

    Diese Ausrichtung erfährt erst durch den unlängst erschiene-
nen Roman If Beale Street Could Talk eine gewisse Modifizierung.

Der 21jährige schwarze Holzschnitzer Fonny sitzt unschuldig im Gefängnis. Seine 19jährige Freundin Tish, die von ihm ein Kind erwartet, berichtet als Ich-Erzähler von der gemeinsamen Jugend, dem ersten Verliebtsein, von Fonny's Festnahme und den verzweifelten Bemühungen beider Familien, ihm mit Hilfe eines Anwalts freizubekommen.

Innerhalb des schwarzen Figurengeflechts stehen sich dabei zwei Gruppen gegenüber. Der einen Rahmengruppe--sie wird gebildet durch die Angehörigen von Tishs Familie sowie durch Fonnys Vater Frank--steht als Handlungspartner eine Gemeinschaft gegenüber, die aus Fonnys Mutter und seinen beiden Schwestern besteht. Diese Frauengemeinschaft, die in ihrem religiösen Fanatismus an den Prediger Gabriel aus <u>Go Tell It on the Montain</u> erinnert, ist durch die Aufgabe ihrer farblichen Identität--"her [Fonny's mother] snow-white soul" (BS 32)--gekennzeichnet. Verbunden mit diesem Verlust an ursprünglicher Identität ist gleichzeitig ein Mangel an schöpferischer Liebe. Dieser Liebesunfähigkeit wird gewissermaßen als Gegengewicht die Tradition des Blues entgegengestellt, die zur grundlegenden Botschaft des Romans wird. In einer eigens für die deutsche Ausgabe geschriebenen Vorbemerkung macht Baldwin diese historische Verwurzelung selbst deutlich, indem er auf die Symbolhaftigkeit jener Straße in New Orleans, die lange als Mekka schwarzer Musik galt, verweist: "Jeder in Amerika geborene Schwarze ist in der Beale Street ... geboren: alle 'Nigger' stammen aus der Beale Street. Die Beale Street ist unser Erbe."

LeRoi Jones nun hat in seiner musiksoziologischen Studie <u>Blues People</u> besonders den privaten und seelischen Bereich des Blues hervorgehoben: "this intensely personal nature of bluessinging is ... the result of what can be called the Negro's 'American experience'."[10] Mit seiner schwarzen Ich-Erzählerin

Tish knüpft Baldwin so gewissermaßen an die große Tradition schwarzer Bluessängerinnen--"the great classic blues singers were women"[11]--an. In dem Titel des ersten Romanteils "Troubled About My Soul" drückt sich demnach nicht nur der melancholisch klageliedhafte Grundtenor des Blues aus, sondern wird bereits auch schon auf das lebensbejahende, das Leiden transzendierende Element dieser Musik verwiesen:

> I listened to the music and the sounds from the streets and Daddy's hand rested lightly on my hair. And everything seemed connected--the street sounds, and Ray's [Charles] voice and his piano and my Daddy's hand and my sister's silhouette and the sounds and the lights coming from the kitchen. It was as though we were a picture trapped in time: this had been happening for hundreds of years, people sitting in a room, waiting for dinner, and listening to the blues. And it was as though, out of these elements, this patience, ... the way the music continued beneath everything, ... out of this rage and a steady, somehow triumphant sorrow, my baby was alowly being formed. (BS 54/55)

Der Blues bewirkt so nicht nur eine unmittelbare Verbundenheit, sondern verkündet auch eine Zuversicht, die die Angst um die Seele aufhebt. Das Land "Zion"--der zweite Teil des Romans--erscheint deshalb nicht als ein abstrakter utopischer Ort; vielmehr erweist er sich als ein in der Gegenwart anzusiedelnder Fluchtpunkt des Handelns: der Liebe. Diese Liebe allein ermöglicht die Identität des Ichs mit der Gemeinschaft: "Every day, when he [Fonny] sees my face, he knows, again, that I love him. ... But it isn't only that. It means that others love him, too, love him so much that they have set me free to be there. He is not alone; we are not alone". (BS 190)

Diese Liebesvorstellung, die sich in einer aktiven Anteilnahme für den anderen vollzieht, geht gedanklich einen entscheidenden Schritt über die Darstellung in Another Country hinaus. Die Reise "Towards Bethlehem", jenem symbolhaften Anfangspunkt auf dem Weg zur Erlösung, die der dritte Romanteil

zwar ankündigte aber in der Realisation aussparte, hat nun
gewissermaßen in "Zion" zum Endpunkt geführt. Die aktive
Anteilnahme für den anderen bewirkt erstmals einen Zustand
der Erlösung; sie wird jetzt zur konkreten Form der Handlungsanweisung, die den früher stets ausgesparten Vollzug der Liebe
realisiert.

Dieser Anteilnahme ist kontrapunktisch die Gleichgültigkeit zugeordnet, die einen blind macht: "Neither love nor
terror makes one blind: indifference makes one blind". (BS
119) So sind die Mehrzahl der Leute in Fonnys und Tishs Umgebung gleichgültig und teilnahmslos: "One had to make one's
way carefully here, for all these people were blind". (BS 70)
Diese Textstelle, die sozusagen Verknüpfungspunkt aller Augen-
Metaphern ist, die das Buch durchziehen, unterstreicht die
ständige Gefährdung, der sich die Liebe ausgesetzt sieht und
die paradigmatisch durch die Augen des Polizisten Bell verkörpert wird: "His eyes were as blank as George Washington's
eyes. But I was beginning to learn something about the blankness
of those eyes. ... If you look steadily into that unblinking
blue, into that pinpoint at the centre of the eye, you discover
a bottomless cruelty, a viciousness cold and icy." (BS 201)

Die Augen der Weißen sind blank wie ein Spiegel, <u>an</u> dem
sich--als <u>Gegenüber</u>--die Identität des Schwarzen bilden und
behaupten muß. Angesichts dieses feindseligen Spiegels kann
das eigene Spiegelbild, das die eigenen Augen reflektiert--
und mit dem der Roman beginnt: "I look at myself in the mirror"
(BS 11)--, nur in einer Rückbesinnung auf die symbolische Abstammung aus dem Blues bewahrt werden. Und so wie die Musik
des blinden Ray Charles Lebenssinn stiftet und Hoffnung verheißt, endet auch der Roman mit einem Symbol der Hoffnung--dem
Schreien des neugeborenen Kindes.

Das Erbe der Beale Street betont demnach vor allem den im

Blues angesprochenen Glauben an die Erlösung des Schwarzen: [blues] "is an assertion of the irrepressibly human over all circumstance whether created by others or by one's own human failings".[12] Im Gegensatz zu Williams, der ja in seinen Romanen zunehmend eine "black power" fordert, sieht Baldwin die "love power" nach wie vor als einzigen Ausweg an. Während jener durch sein Schreiben zu einer Politisierung der schwarzen Mittelklasse beizutragen sucht, bemüht sich Baldwin zunehmend, dem Individuum die Zuflucht in die Geborgenheit aufzuzeigen. Diese Geborgenheit wird durch eine aktive Anteilnahme für den anderen realisiert und ermöglicht einen außerhalb des Rassenkonfliktes liegenden Zustand individuellen Glücks.

Eine Deutung der Entwicklung des Autors zu "a more positively socio-political consciousness" sowie zu "a positively activist mood",[13] die Macebuh noch im Blick auf Tell Me How Long the Train's Been Gone aufstellen zu können glaubte und die Baldwin in die Nähe von John A. Williams gestellt hätte, wird durch If Beale Street Could Talk eindeutig widerlegt. Vielmehr deutet sich durch diesen neuen Roman die Entwicklung zu einem universellen Minderheitenautor an, für den der Neger nur noch ein Beispiel für eine unterdrückte Gruppe ist ("I'm an Indian, wop, spic, spade--name it, that's me" (BS 182)). Diese neue Ausrichtung kennzeichnet gleichzeitig den Beginn einer neuen Schaffensperiode. Wie schon einmal ging Baldwin 1970 wieder ins Exil nach Frankreich. "Mit dieser Entscheidung beendete er eine zweite Periode seines Schaffens"[14], die im wesentlichen durch sein rassenpolitisches Engagement gekennzeichnet war. Aus der Rolle des einstigen "spokesman" ist jenes neue Selbstverständnis erwachsen, daß der Autor mit den folgenden Worten bestimmt hat: "I'm a witness. That's my responsibility. I write it all down".[15] Nach dem Scheitern der Bürgerrechtsbewegung und den Morden an Martin Luther King, Malcolm X und anderen sieht Baldwin offensichtlich für sich nur noch die Rolle eines verantwortungsbewußten Moralisten, der ernsthaft bemüht ist, Stellung zu nehmen.

Eine fast zwangsläufige Folge dieses neuen Selbstverständnisses ist jene die spezifische Rassenzugehörigkeit überwindende Einstellung, die jegliche Vorstellung einer "black aesthetic" hinter sich läßt und den Schwarzen nur noch als Beispiel für eine universelle Kategorie begreift. Diese neue Ausrichtung, die in <u>If Beale Street Could Talk</u> erstmals angedeutet worden ist, scheint dann auch dem nächsten Romanprojekt, das Baldwin im Gespräch mit Nikki Giovanni selbst angesprochen hat, zugrunde zu liegen: "I'm also working on a novel which for the most part takes place in Europe. ... It concerns the situation of an Arab in France. ... You know, the Arab is certainly a nigger in France, or he would be a Puerto Rican in New York or a Mexican in California, and ... what I'm trying to get at is my apprehension of the crisis that has something to do with identity, and that has something to do with buried history." (D 72)

ANMERKUNGEN

I. Literatur und Rassenkonflikt

[1] Harold Cruse, The Crisis of the Negro Intellectual (New York, 1967), S. 210 (Eigene Hervorhebung).

[2] W.E.B. DuBois, The Souls of Black Folk (New York, 1961), S. 17.

[3] Karl-Heinz Wirzberger, Das Problem der Bürgerrechtsbewegung in der Amerikanischen Prosaliteratur der Gegenwart (Berlin, 1964), S. 6.

[4] vgl. Leslie A. Fiedler, Waiting for the End: The American Literary Scene from Hemingway to Baldwin (Harmondsworth, 1967), S. 77 f., der eine ähnliche Ausgangslage für die jüdisch-amerikanischen Schriftsteller konstatiert.

[5] David W. Noble, The Eternal Adam and the New World Garden (New York, 1968), S. 5.

[6] Ebenda. S. 5/6.

[7] John O. Killens, "The Black Writer Vis-a-Vis His Country," in The Black Aesthetic, ed. Addison Gayle (New York, 1972), S. 357.

[8] Melvin u. Margaret Wade, "The Black Aesthetic in the Black Novel," Journal of Black Studies, 2 (1972), S. 405.

[9] vgl. Addison Gayle in seiner Einleitung zu dem von ihm herausgegebenen Aufsatzband The Black Aesthetic, S. xxi.

[10] Diese Vorgehensweise liegt beispielsweise der Baldwinstudie von Stanley Macebuh, James Baldwin: A Critical Study (New York, 1973), zugrunde. Vgl. S. 16-19.

[11] Die Literaturkritik der 'black aesthetic' Vertreter bedient sich im übrigen ähnlich ideologischer Klischees wie sie auch zahlreiche weiße Kritiker verwenden. Addison Gayles Denunziation Baldwins als "literary assimilationist" ... "who has not only refused to use race as a sanctuary but instead has attempted to negate race either by integrating the racial idiom with that of whites, or by obliterating racial characteristics

altogether" entspricht in seiner Ideologiehaftigkeit etwa den Vorurteilen des ("weißen") Literaturkritikers Edward Margolies, der Baldwins einzigen Protesthelden Richard in Blues for Mister Charlie als "the worst kind of Negro" bezeichnet hat. Beide Urteile mögen dabei als typisch für die Verworrenheit und Polemik gelten, die der schwarzen Literatur entgegen gebracht werden.
    Vgl. Addison Gayle, "The Function of Black Literature at the Present Time", The Black Aesthetic, op. cit. S. 383/390 sowie Edward Margolies, Native Sons, (Philadelphia, 1968), S. 126.

[12] Sherley Anne Williams, Give Birth to Brightness: A Thematic Study in Neo-Black Literature (New York, 1972), S. 18.

[13] Ebenda, S. 34/35.

[14] vgl. zu diesem Gedankengang Herbert Marcuse, "Kunst und Revolution", Konterrevolution und Revolte (Frankfurt, 1973), S. 123.

II. Baldwins Position in der Auseinandersetzung des Rassenkonfliktes

[1] Dieses Thema wird insbesondere von Marcus Klein, "James Baldwin--A Question of Identity", After Alienation: American Novels in Mid-Century (Cleveland, 1964), S. 147 ff. behandelt.
    Teilaspekte untersuchen David Levin, "Baldwin's Autobiographical Essays: the Problem of Negro Identity", Massachusetts Review V (1966), S. 239 ff., sowie Edward Watson, "The Novels and Essays of James Baldwin", Queen's Quarterly LXXII (1965/66), S. 385 ff.

[2] Marcus Klein, S. 154.

[3] vgl. dazu Klaus Günther Just, "Essay", Deutsche Philologie im Aufriß, Bd. II, ed. Wolfgang Stammler (Berlin, ²1960), S. 1903/04.

[4] T.W. Adorno, "Der Essay als Form", Noten zur Literatur I. (Frankfurt, 1963), S. 23.

[5] Ebenda. S. 38.

[6]Karl-Heinz Wirzberger, S. 19. Dieser Vorwurf scheint typisch für eine bestimmte marxistische Richtung zu sein, die außerhalb jeglicher Formprinzipien argumentierend einseitig vom Primat des Inhalts ausgeht.

[7]Just, S. 1901.

[8]Ebenda. S. 1907.

[9]Dieses Darstellungsprinzip, das auch mehreren fiktionalen Werken zugrunde liegt, unterstreicht die enge Verwandtschaft zwischen den essayistischen und den belletristischen Schriften und muß als eines der grundlegendsten Kompositionsprinzipien Baldwins angesehen werden.

[10]Eigene Hervorhebung.

[11]Peter L. Berger/Thomas Luckmann, Die gesellschaftliche Konstruktion der Wirklichkeit: Eine Theorie der Wissenssoziologie (Frankfurt, 1970), S. 142/143.

[12]Baldwin hat auf diesen Zusammenhang in seinem letzten Essayband selbst hingewiesen. Vgl. No Name in the Street, S. 33.

[13]vgl. dazu den Essay "Princes and Powers," Nobody Knows My Name, S. 37.

[14]Richard Wright, "Blueprint for Negro Writing", New Challenge, Fall 1937, zitiert nach: Cedric Dover, "Notes on Coloured Writing", Phylon, 7 (1947), S. 222.

[15]James Baldwin, "The Negro in American Culture", Cross Currents, 9 (1961), S. 205.

[16]Maurice Charney, "James Baldwin's Quarrel with Richard Wright", American Quarterly, 15 (1963), S. 66.

[17]Eldridge Cleaver, "Notes on A Native Son". Soul on Ice (New York, 1968), S. 99/101.

[18]LeRoi Jones, Home. Social Essays, dt. Ausweg in den Haß (Darmstadt, 1967), S. 134.

[19]Ebenda. S. 74.

[20]Ebenda. S. 274.

[21]Ebenda. S. 276.

[22] Konsequenterweise änderte LeRoi James auch seinen Namen in Imamu Baraka, um der afrikanischen Abstammung gewissermaßen auch auf der Ebene der Identitätsbezeichnung Rechnung zu tragen.

[23] vgl. dazu Monika Plessner, "James Baldwin und das Land der Verheißung", Merkur, 20 (1966), S. 521.

[24] Hans Jochen Sander, Das Menschenbild im Schaffen von James Baldwin (diss. Jena, 1968), S. 16.

[25] James Baldwin, Nothing Personal (Harmondsworth, 1964), I.

[26] Diese Auffassung dominiert auch noch in dem Gespräch mit Margaret Mead: "I think the great emotional or psychological or effective lack of love is the key to the American ... disease". (RR 157)

[27] Hans Jochen Sander, S. 35.

[28] vgl. die programmatische Äußerung in dem gleichnamigen Interview mit François Bondy, Gespräche mit James Baldwin u.a. (Wien, 1972), S. 20.

[29] Ebenda.

[30] Martin Luther King, Where Do We Go from Here: Chaos or Community? (New York, 1967), S. 8.

[31] vgl. dazu J. Baldwin, "The Dangerous Road before Martin Luther King", Harper's Magazine (1961), S. 33 ff., sowie die Erinnerungen an King in No Name in the Street, S. 15 und S. 87 ff.

[32] Eigene Hervorhebung.

[33] Martin Luther King, S. 101. Diese Auffassung Kings änderte sich im übrigen auch angesichts der ständig an Einfluß gewinnenden Black Power Bewegung nicht, mit der sich der Autor in diesem Buch auseinandersetzt.

[34] Monika Plessner, S. 521.

[35] Stanley Macebuh, S. 42.

[36] vgl. dagegen Macebuh, für den sich Baldwins Entwicklungslinie von einer "private voice" zu einer "public voice" zieht (S. 44 ff.). Seine Feststellung bei der Erörterung von <u>No Name in the Street</u>--"the more authentic evidence of this last essay made it justifiable for us to assume that ... the rhetoric of violent confrontation was going to become an intrinsic part of his commitment" (S. 176)--stellt m.E. nicht nur eine Fehleinschätzung des genannten Essaybandes dar, sondern postuliert gleichfalls eine Entwicklung, die zumindest bislang nicht stattgefunden hat. Baldwins Festhalten an der Liebe als einziger Lösungsmöglichkeit zeigt sich nämlich auch noch in dem 1973 in Buchform veröffentlichten Dialog zwischen der schwarzen Dichterin Nikki Giovanni und ihm:

Giovanni: We agree. Love is a tremendous responsibility.
Baldwin: It's the only one to take, there isn't any other.
(D 94)

[37] vgl. die Selbstdarstellung im Gespräch mit Margaret Mead: "I'm an Old Testament Prophet" (RR 213).

[38] Während für Baldwin Kings Tod seine Identität erneut in Frage stellte, schienen die militanten Schwarzen sich eher in ihrer Position bestätigt zu sehen. Vgl. George Jackson, <u>Soledad Brother</u> (Harmondsworth, 1971), S. 153/154.

[39] Sander, S. 67.

[40] vgl. die literatursoziologische Studie von Wolf Lepenies, <u>Melancholie und Gesellschaft</u> (Frankfurt, 1972), S. 193.

[41] <u>Ebenda</u>.

[42] vgl. dagegen Sander, für den die Problembereiche "Identitätsverlust" und "Selbstentfremdung" "das Generalthema des Baldwinschen Schaffens sind" (S. 19). Zu dieser Behauptung kommt Sander m.E. nur durch sein marxistisches Literaturverständnis, demzufolge Entfremdungserscheinungen schon Voraussetzung bürgerlicher Literatur sind. (vgl. S. 231 ff.)

[43] In dem 1974 erschienenen Roman <u>If Beale Street Could Talk</u> kehrt Baldwin hingegen gewissermaßen an seinen Ausgangspunkt zurück. Das primär aus einem schwarzen Figurengeflecht bestehende Buch vermeidet auf der Personenebene jegliche rassische Auseinandersetzung und mag damit kennzeichnend für den seit Kings Tod bestehenden Glaubensverlust sein. (Vgl. auch das Schlußkapitel dieser Arbeit.)

III. Von der 'store front church' zum 'American Dream'

[1] Zum Problemkreis des Initiationsromans vgl. Peter Freese, Die Initiationsreise: Studien zum jugendlichen Helden im modernen amerikanischen Roman (Neumünster, 1971).

[2] Zum Begriff der Vorzeithandlung vgl. Eberhard Lämmert, Bauformen des Erzählens (Stuttgart, ^{5}1972), S. 101.

[3] vgl. dazu Marcus Klein, S. 184 ff.

[4] Der Begriff 'Opfer' in Bezug auf die Rolle der Charaktere wird insbesondere von Marcus Klein, op. cit. S. 148 ff. verwendet. Klein verwendet diesen Begriff jedoch ausschließlich in existenzphilosophischer Sicht und vermag damit weder der Dialektik des Identitätsbegriffes noch der Doppelbedeutung des Begriffs der Opferrolle gerecht zu werden.

[5] Edward Margolies, S. 103.

[6] vgl. Baldwins Hinweis in "Notes for The Amen Corner"-- "She [Margaret] is in the church because her society has left her no other place to go". (AMC 14)

[7] Edward Margolies, S. 113.

[8] Robert Bone, The Negro Novel in America (New Haven, ^{2}1965), S. 222.

[9] Michel Fabre, "Fathers and Sons in James Baldwin's Go Tell It on the Mountain", Keneth Kinnamon, ed. James Baldwin. A Collection of Critical Essays. (Englewood Cliffs, 1974), S. 133.

[10] vgl. dazu Leslie A. Fiedler, Love and Death in the American Novel (London, 1970), S. 152 ff., bes. S. 189/190.

[11] Ebenda. S. 23 ff.

[12] Ebenda. S. 254.

[13] vgl. den gleichnamigen Essaytitel "The Male Prison" in Nobody Knows My Name.

[14] vgl. Fiedler, S. 170.

[15] Fritz Raddatz, "Schwarz ist die Farbe der Einsamkeit", Frankfurter Hefte, 20 (1965), S. 50.

[16] vgl. The Fire Next Time, S. 61 f.

[17] vgl. zu diesem Themenkomplex die Studie von W.R.B. Lewis, The American Adam (Chicago, 1955), S. 5 ff.

[18] Ebenda. S. 5.

[19] Ebenda. S. 61.

[20] vgl. Leslie A. Fiedler, Waiting for the End, S. 25.

[21] David W. Noble, S. 80.

[22] vgl. dagegen die Studie von Heinz Wüstenhagen, "James Baldwin's Essays und Romane", Zeitschrift für Anglistik und Amerikanistik, 13 (1965), S. 117 ff. Das dort anzutreffende Literaturverständnis, das von einer gesamtgesellschaftsbezogenen Verpflichtung der Literatur ausgeht, versperrt dem Autor offensichtlich den Zugang zu Darstellungsformen und Motivzusammenhängen, so daß das Thema der Homosexualität in den Bereich "der klinischen Pathologie" (S. 137) verwiesen wird. Die damit einhergehende Feststellung, daß der genannte Themenkomplex "letztlich auf die durch die ökonomische Entwicklung hervorgerufene Enthumanisierung der spätbürgerlichen Gesellschaft" (S. 143) zurückzuführen sei, stellt nicht nur ein fragwürdiges Reduktionsverfahren dar, sondern verwandelt m.E. auch ein mögliches Untersuchungsziel bereits in ein Ergebnis, indem es dieses Phänomen gewissermaßen a priori der bürgerlichen Literatur zuordnet.

[23] Helmut Kreuzer, Die Bohème (Stuttgart, 1968), S. 7.

[24] Dieser Terminus wird hier gebraucht im Sinne der phänomenologischen Wissenssoziologie von Peter L. Berger/Thomas Luckmann, S. 91 ff.

[25] vgl. Helmut Kreuzer, S. 68.

[26] Ebenda. S. 84.

[27] Zum Zusammenhang zwischen Handlungshemmung und Suizid vgl. Wolf Lepenies, S. 185 ff.

[28] Eugenia W. Collier, "The Phrase Unbearably Repeated," Phylon 25 (1964), S. 290.

[29] Ralph Ellison, "Living with Music", Shadow & Act (London, 1967), S. 187.

[30] Ralph Ellison, The Charlie Christian Story", Shadow & Act, S. 234.

[31] Sherley Anne Williams, S. 141.

[32] Ebenda. S. 146.

[33] Ebenda. S. 218.

[34] Ralph Ellison, "On Bird, Bird-Watching, and Jazz", Shadow & Act, S. 227. (Eigene Hervorhebung)

[35] Morris Beja, "It Must Be Important: Negroes in Contemporary American Fiction," Antioch Review, 24 (1964), S. 335.

[36] Diese wissenschaftliche Argumentation orientiert sich an Peter L. Berger/Thomas Luckmann, S. 24 ff.

[37] Albert Gerard, "The Sons of Ham", Studies in the Novel, 3 (1971), S. 158.

[38] vgl. Robert Bone, S. 234. Bone benutzt diesen Ausdruck zur Charakterisierung des Homosexuellen. Die hier vertretene These sieht jedoch beide, den Schwarzen wie den Homosexuellen, als derartige Symbolträger an.

[39] Monika Plessner, S. 524.

[40] vgl. zur Rolle der Schwarzen Baldwins Ausführungen in The Fire Next Time, S. 136/137.

[41] vgl. Norman Mailer, "The White Negro," Advertisements for Myself (London, 1968), S. 269 ff.

[42] Helmut Kreuzer, S. 22.

[43] vgl. dagegen H.J. Sander, S. 244, für den "love im Baldwinschen fiction--besonders für Partner unterschiedlicher Rassenzugehörigkeit--sich als untaugliches Mittel zur Lösung privater Konflikte erweist."

[44] vgl. dazu die motivgeschichtliche Studie von Henry Nash Smith, Virgin Land: The American West As Symbol and Myth (New York, 1952), besonders S. 138 ff.

[45] Norman Mailer, S. 273.

[46] Ebenda. S. 271.

[47] Norman Mailer, S.271.

[48] vgl. die Studie von Leo Marx, The Machine in the Garden (New York, 1964), S. 354 ff.

[49] vgl. Edward Margolies, S. 121.

[50] Von dem Filmskript One Day When I Was Lost (New York, 1972) wird in diesem Zusammenhang abgesehen, da es aufgrund seiner Genrespezifität nicht in den Bereich der erzählenden oder dramatischen Literatur fällt.

[51] John Simon, "Theatre Chronicle", Hudson Review, 17 (1964), S. 421.

[52] C.W.E. Bigsby, "The Committed Writer: James Baldwin As Dramatist", Twentieth Century Literature, 13 (1967), S. 46.

[53] Hans Jochen Sander, S. 220.

[54] James Baldwin, Nathan Glazer, et. al., "Liberalism and the Negro. A Round-Table Discussion", Commentary, 37 (1964), S. 37.

[55] Bigsby, S. 43.

[56] vgl. Elias Canetti, Masse und Macht Bd. I (München, 1972), S. 50 und S. 130.

[57] Dieser Begriff wird hier nicht im klinisch-pathologischen Sinn sondern anthropologisch-soziologisch verstanden. Vgl. dazu Wolf Lepenies, S. 13 ff.

[58] Ebenda. S. 162.

[59] Robert Musil, Der Mann ohne Eigenschaften (Reinbeck b. Hamburg, 1970), S. 650.

[60] Ebenda.

[61] Ebenda.

[62] Lämmert, S. 72.

[63] Ralf Dahrendorf, "Homo Sociologicus", Pfade aus Utopia (München, 1968) S. 151.

[64] vgl. dazu die Einleitung von Horst Kruse in der von ihm herausgegebenen Anthologie From Rags to Riches (München, 1972), S. 7 ff.

⁶⁵vgl. Jonas Spatz, Hollywood in Fiction. Some Versions of the American Myth (The Hague, 1969), S. 10 ff.

⁶⁶Baldwins eigene Behauptung dagegen--"In the third part a young Negro terrorist more or less takes over the book"-- sagt dann auch eher etwas über die konzeptuellen Vorstellungen des Autors als über seine Romanfigur aus. Vgl. dazu Dan Georgakas, "James Baldwin ... in Conversation", in Abraham Chapman, ed., Black Voices. An Anthology of Afro-American Literature (New York, 1968), S. 661.

⁶⁷Der Begriff stammt von Karel Kosik, Dialektik des Konkreten (Frankfurt, 1967), S. 83.

⁶⁸vgl. dazu die motivgeschichtliche Studie von Wolfgang Eitel, "Der Dichter und das Schauspiel des Lebens", J. Hösle, Hrg. Beiträge zur vergleichenden Literaturgeschichte. Festschrift für Kurt Wais (Tübingen, 1972), S. 279.

IV. Formen der Handlungsanweisung: Politische Aktivierung vs. Liebesethik

¹John A. Williams, Night Song (London, 1965), S. 90.

²Ebenda. S. 140.

³John A. Williams, The Man Who Cried I Am (New York, 1968), S. 144.

⁴Ebenda. S. 294.

⁵Ebenda. S. 19.

⁶Calvin C. Herton, "Blood of the Lamb--The Ordeal of James Baldwin", John A. Williams, ed., Amistad 1. Writings on Black History and Culture (New York, 1970), S. 222.

⁷Daß Williams sein schriftstellerisches Rollenverständnis selbst so sieht, wird deutlich in den einleitenden Bemerkungen zu seinem Artikel "The Negro Middle Class": "The novel ... Sons of Darkness, Sons of Light was filled with ideas and attitudes and characters who came out of the research for this article. The theme of the novel was that any black revolution

that comes would have to be sparked by black people in the middle class". John A. Williams, <u>Flashbacks. A Twenty-Year Diary of Article Writing</u> (Garden City, 1974), S. 132.

[8] John A. Williams, <u>Sons of Darness, Sons of Light</u> (Harmondsworth, 1973), S. 157.

[9] Calvin C. Hernton, S. 214.

[10] LeRoi Jones, Blues People. <u>Negro Music in White America</u> (New York, 1963), S. 66.

[11] <u>Ebenda</u>. S. 91.

[12] Ralph Ellison, "Remembering Jimmy", <u>Shadow & Act</u>, S. 246.

[13] Stanley Macebuh, S. 144 u. S. 152.

[14] Peter Freese, "James Baldwin", <u>Die amerikanische Kurzgeschichte nach 1945</u>. (Frankfurt, 1974), S. 295.

[15] "Why I Left America. Conversation: Ida Lewis and James Baldwin", Abraham Chapman, ed. New Black Voices: An Anthology of Contemporary Afro-American Literature. (New York, 1972), S. 419.

ABKÜRZUNGSVERZEICHNIS
(Werke von James Baldwin)

AC	Another Country (London: Corgi Books, 1965)
AMC	The Amen Corner (London: Corgi Books, 1970)
BC	Blues for Mister Charlie (New York: Dell, 1964)
BS	If Beale Street Could Talk (London: Michael Joseph, 1974)
D	A Dialogue (mit Nikki Giovanni) (Philadelphia: Lippincott, 1973)
FIRE	The Fire Next Time (New York: Dell, 1964)
GMM	Going to Meet the Man (London: Corgi Books, 1967)
GR	Giovanni's Room (London: Corgi Books, 1963)
GT	Go Tell It on the Mountain (London: Corgi Books, 1963)
NKN	Nobody Knows My Name (New York: Dell, 1963)
NNIS	No Name in the Street (London: Corgi Books, 1973)
NNS	Notes of a Native Son (London: Corgi Books, 1965)
RR	A Rap on Race (mit Margaret Mead) (London: Corgi Books, 1972)
TM	Tell Me How Long the Train's Been Gone (London: Corgi Books, 1970)

Zahlen hinter diesen Abkürzungen geben die Seiten der betreffenden Bücher an.

LITERATURVERZEICHNIS

A. Bibliographien

Fisher, Russell G. "James Baldwin: A Bibliography, 1947-62." Bulletin of Bibliography, 4 (1965).

Kindt, Kathleen A. "James Baldwin: A Checklist, 1947-62." Bulletin of Bibliography, 24 (1965).

Standley, Fred L. "James Baldwin: A Checklist, 1963-1967", Bulletin of Bibliography, 25 (1968).

B. Werke Baldwins in chronologischer Folge

Go Tell It on the Mountain, 1953.
Notes of a Native Son, 1955.
The Amen Corner, 1956.
Giovanni's Room, 1956.
Nobody Knows My Name, 1961.
Another Country, 1962.
The Fire Next Time, 1963.
Blues for Mister Charlie, 1964.
Nothing Personal (mit Richard Avedon), 1964.
Going to Meet the Man, 1965.
Tell Me How Long the Train's Been Gone, 1968.
A Rap on Race (mit Margaret Mead), 1971.
No Name in the Street, 1972.
One Day, When I Was Lost, 1973.
A Dialogue (mit Nikki Giovanni), 1973.
If Beale Street Could Talk, 1974.

C. Gesamtdarstellungen

Lenz, Günther H. "James Baldwin", Martin Christadler, ed. Amerikanische Literatur der Gegenwart in Einzeldarstellungen. Stuttgart, 1973.

Macebuh, Stanley. James Baldwin. A Critical Study. New York, 1973.

Sander, Hans Jochen. Das Menschenbild im Schaffen von James Baldwin. Phil. Diss. Jena, 1968.

D. Zitierte Bücher

Adorno, T.W. Noten zur Literatur I. Frankfurt, 1963.

Berger, Peter L. u. Luckmann, Thomas. Die gesellschaftliche Konstruktion der Wirklichkeit. Eine Theorie der Wissenssoziologie. Frankfurt, 1970.

Bondy, Francois. Gespräche mit James Baldwin u.a. Wien-Zürich, 1972.

Bone, Robert A. The Negro Novel in America. New Haven, ^{2}1965.

Canetti, Elias, Masse und Macht Bd. I München, 1972 (Reihe Hanser).

Chapmann, Abraham, ed. Black Voices. An Anthology of Afro-American Literature. New York, 1968 (Mentor Books).

──────. New Black Voices. An Anthology of Contemporary Afro-American Literature. New York, 1972 (Mentor Books).

Cleaver, Eldrigde. Soul on Ice. New York, 1968 (Dell Books).

Cruse, Harold. The Crisis of the Negro Intellectual. New York, 1967.

Dahrendorf, Ralf. Pfade aus Utopia. Arbeiten zur Theorie und Methode der Soziologie. München, 1967.

DuBois, W.E.B. The Souls of Black Folk. New York, 1961 (Fawcett Books).

Ellison, Ralph. *Shadow & Act*. London, 1967.

Fiedler, Leslie A. *Love and Death in the American Novel*. London, 1970 (Paladin Books).

―――. *Waiting for the End*. The American Literary Scene frome Hemingway to Baldwin. Harmondworth, 1967 (Pelican Books).

Freese, Peter. *Die Initiationsreise*. Studien zum jugendlichen Helden im modernen amerikanischen Roman. Neumünster, 1971 (Kieler Beiträge zur Anglistik und Amerikanistik).

―――. *Die amerikanische Kurzgeschichte nach 1945*. Frankfurt, 1974.

Gayle, Addison Jr, ed. *The Black Aesthetic*. Garden City, 1972 (Anchor Books).

Hösle, Josef, ed. *Beiträge zur vergleichenden Literaturgeschichte*. Festschrift für Kurt Wais. Tübingen, 1972.

Jackson, George. *Soledad Brother*. Harmondsworth, 1971 (Penguin Books).

Jones, LeRoi. *Ausweg in den Haß*. Darmstadt, 1967.

―――. *Blues People*. Negro Music in White America. New York, 1963.

King, Martin Luther. *Where Do We Go from Here: Chaos or Community?* New York, 1967.

Kinnamon, Keneth, ed. *James Baldwin*. A Collection of Critical Essays. Englewood Cliffs, 1974 (Twentieth Century Views Series).

Klein, Marcus. *After Alienation*. American Novels in Mid-Century. Cleveland, 1964.

Kosik, Karel. *Dialektik des Konkreten*. Frankfurt, 1967.

Kreuzer, Helmut. *Die Bohème*. Stuttgart, 1968.

Kruse, Horst, ed. *From Rags to Riches*. Erfolgsmythos und Erfolgsrezepte in der amerikanischen Gesellschaft. München, 1972 (Goldmann Texte Anglistik-Amerikanistik).

Lämmert, Eberhard. Bauformen des Erzählens. Stuttgart, ⁵1972.

Lepenies, Wolf. Melancholie und Gesellschaft. Frankfurt, 1972.

Lewis, W.R.B. The American Adam. Innocence, Tragedy, and Tradition in the Nineteenth Century. Chicago, 1955.

Mailer, Norman. Advertisements for Myself. London, 1968 (Panther Books).

Marcuse, Herbert. Konterrevolution und Revolte. Frankfurt, 1973.

Margolies, Edward. Native Sons. A Critical Study of Twentieth Century Negro American Authors. Philadelphia, 1968.

Marx, Leo. The Machine in the Garden. Technology and the Pastoral Ideal in America. New York, 1964.

Musil, Robert. Der Mann Ohne Eigenschaften. Reinbeck, 1970.

Noble, David W. The Eternal Adam and the New World Garden. New York, 1968.

Smith, Henry Nash. Virgin Land. The American West As Symbol an Myth. New York, 1952.

Spatz, Jonas. Hollywood in Fiction. Some Versions of the American Myth. The Hague, 1969.

Stammler, Wolfgang, ed. Deutsche Philologie im Aufriß Bd. II. Berlin, ²1960.

Wirzberger, Karl Heinz. Das Problem der Bürgerrechtsbewegung in der Amerikanischen Prosaliteratur der Gegenwart. Berlin (Ost), 1964.

Williams, John A. Night Song. London, 1965 (Fontana Books).

———. Sissie. New York, 1963.

———. Sons of Darkness, Sons of Light. Harmondsworth, 1973 (Penguin Books).

———. Flashbacks. A Twenty Year Diary of Article Writing. Garden City, 1974.

Williams, John A., ed. <u>Amistad 1</u>. Writings on Black History and Culture. New York, 1970 (Vintage Books).

Williams, Sherley Anne. <u>Give Birth to Brightness</u>. A Thematic Study in Neo-Black Literature. New York, 1972.

E. Zeitschriftenaufsätze

Baldwin, James. "The Negro in American Culture". <u>Cross Currents</u>, 11 (1961).

———. "The Dangerous Road before Martin Luther King." <u>Harpers Magazine</u>, Feb. 1961, 33-42.

Baldwin, James, et. al. "Liberalism and the Negro--A Round Table Discussion". <u>Commentary</u>, 37 (1964), 25-42.

Beja, Morris. "It Must Be Important: Negroes in Contemporary American Fiction". <u>Antioch Review</u>, 24 (1964), 323-36.

Bigsby, C.W.E. "The Committed Writer: James Baldwin As Dramatist". <u>Twentieth Century Literature</u>, 13 (1967), 39-47.

Charney, Maurice. "James Baldwin's Quarrel with Richard Wright". <u>American Quarterly</u>, 15 (1963), 65-75.

Collier, Eugenia W. "The Phrase Unbearably Repeated." <u>Phylon</u>, 25 (1964), 288-95.

Dover, Cedric. "Notes on Coloured Writing". <u>Phylon</u>, 8 (1947).

Gerard, Albert, "The Sons of Ham". <u>Studies in the Novel</u>, 3 (1971), 148-164.

Levin, David. "Baldwin's Autobiographical Essays: The Problem of Negro Identity". <u>Massachusetts Review</u>, 5 (1966), 239-247.

Plessner, Monika. "James Baldwin und das Land der Verheißung". <u>Merkur</u>, 20 (1966), 515-533.

Raddatz, Fritz. "Schwarz ist die Farbe der Einsamkeit--Skizze zu einem Porträt von James Baldwin". <u>Frankfurter Hefte</u>, 20 (1965), 44-52.

Simon, John. "Theatre Chronicle". <u>Hudson Review</u>, 17 (1964).

Wade, Melvin u. Margaret. "The Black Aesthetic in the Black Novel". <u>Journal of Black Studies</u>, 2 (1972), 391-408.

Watson, Edward. "The Novels and Essays of James Baldwin". <u>Queens Quarterly</u>, 72 (1965/66), 385-402.

Wüstenhagen, Heinz. "James Baldwins Essays und Romane--Versuch einer ersten Einschätzung." <u>Zeitschrift für Anglistik und Amerikanistik</u>, 13 (1965), 117-157.

SUMMARY

The discussion of Afro-American literature has become increasingly politicised in the past decade. Literary analysis and critical evaluation were too often replaced by a process of labelling in which authors were either denounced as 'literary assimilationists' or praised for what has since been termed their 'Black Aesthetic'. Both these conceptions presuppose an underlying political current that manifests itself in a variety of aesthetic expressions. This political current seems to originate from the double existence in which the Afro-American author finds himself trapped. This dualistic existence, which seems to characterize minority literature as such, sets the frame of aesthetic and political possibilities of the minority author and, concommittantly, determines his intended audience. Race conflict in literature thus calls for a literary rather than socio-political approach.

The methodology of this study is therefore two-fold. On the one hand, a discussion of the relevant possibilities of action that the author ascribes to his protagonists may exemplify the kind of existence that Baldwin sees for the Black American. Interpretations of classical American myths and motifs together with a definition of the intended audience point, on the other hand, to the role that Baldwin has chosen for himself as an artist.

Part I of this study discusses Baldwin's essays in contrast to the writings of Richard Wright as well as those of LeRoi Jones and Eldridge Cleaver and attempts to specify his stand in the politics of the race conflict. The author's conception of a love ethic is studied at length, and it is shown that this concern still dominates his last essays. In contrast to many other contemporary Black writers Baldwin does not preach the rhetoric of violent confrontation. And although his love ethic was severely challenged by the assassination of Martin Luther King, the 'wedding of the two races' still remains his ultimate goal. Baldwin's political role may be characterized as that of a political prophet who advocates love and warns of the doom that will come if his plea is rejected. This outlook already hints at the author's value system and indicates that Baldwin does not write for a Black audience, but seeks a white readership whose racial ignorance he wishes to correct.

Part II traces Baldwin's development in his fictional work. A reading analysis of each work reveals that with a single exception all the novels present heroes who suffer from their racial plight and seem unable to determine their own lives. The theme of racial identity clearly dominates the first novel, Go Tell It on the Mountain. The fourteen-year-old protagonist, John Grimes, can only gain his identity by accepting his racial parentage. The novel dramatizes the conflict between John and his preacher father. The Black church, once an outlet for the Blacks, has now become another symbol of oppression. During a religious revival John finally learns to accept his racial identity, although this revival grants him no initiation, for the reality of the outside world remains unchanged. Acceptance of one's own origins thus becomes a prerequisite for self-determination and freedom, yet this private status can only be reached via the the medium of love - in this case, homosexual love.

This theme becomes the central concern of the following two novels, Giovanni's Room and Another Country. In keeping

with Norman Mailer's essay "The White Negro", the homosexual is
conceived as another marginal character who becomes a 'symbolic
Black'. The relationship between the white American, David, and
the dark Italian, Giovanni, thus becomes symbolic of the
relation between the two races. The failure of their homosexual
love signifies, on the part of the white American, a lack of
understanding and emotional commitment, originating from his
Puritan heritages and his inability to love.

The problem of interracial relations also dominates the
third novel and is discussed on the basis of two black/white
couples. The Black drummer Rufus becomes alienated from his
own band on account of his affair with white Leona. The Black
symbolically experiences in music his own genies, the musician
taking the role of an interpreter of Black life and the band
becoming a kind of Black microcosm. Rufus' withdrawal from
this meaningful microcosm leads to a loss of identity and
deprives him of the symbolic freedom of action that he had
as a member of the band. This ability to act deteriorates
into an absolute inability in the course of his relation to
Leona so that his suicide finally becomes a total retreat
from a society which grants him no independent life free
of racial discrimination. The failure in their relationship
repeats itself in the relation between white Vivaldo and
Black Ida. For the first time, however, the possibility of
human growth and genuine understanding is hinted, when
Vivaldo begins to learn through being together with Ida
the actual living conditions of the Black. The Black thus
exercises the role of a teacher, which is supplemented,
however, by homosexuality, which constitutes another 'contrast
world' to white America. This context is particularly
illustrated in the imagery of the novel. Eric's life-style
represents warmth, love and understanding, whereas New York
has become a 'Garden of Ashes' in which only misery, loneliness

and lovelessness are to be found. In this loveless world
the Black can only be the teacher and no longer the saviour
of the White. The last function is taken over by the 'white
negro', the homosexual, for only by being together with Eric
can Vivaldo reach that stage of new insight and veracity
which ultimately enables him to put his relation with Ida
on a new basis. There is no consistent point of view in
Another Country; neither is there a central plot or a main
protagonist. A linear narrative progression is replaced by
an accumulation of episodes which deal with the reaction
of various characters to Rufus' suicide. Since these individual reactions are not connected by an overall viewpoint,
the confrontation with his death seems to be meaningless;
this is all the more the case, since the suicide has no
function with the respect to the novel as a whole, for it
does not represent a point of reflection which the other
characters might have had to come to terms with. This
aesthetic weakness seems to indicate one of Baldwin's
limitations, especially if one compares this strategy of
narration to those of his previous works.

The play Blues for Mister Charlie again takes up the
problem of the possibilites of action for the Black individual and dramatizes this theme through the murder of the
Black protagonist Richard. The murder thus signifies the
fruitlesness of Black self-determination and marks an
important point in Baldwin's thematic development. Since
the attempt of self-determining action resulted in a murder,
the only wholesome opportunity for a life free of oppression
seems to lie in the retreat from society. For Leo, the
protagonist of Tell Me How Long The Train' Been Gone, the
stage with its inherent possibility of role playing becomes
a means of retreat which sets him free from everyday racial

opression. Leo thus becomes Baldwin's first non-victimized hero; the symbolic 'contrast world' of the homosexual is here replaced by an aesthetic world whose central metaphor is the stage itself, and the theme of interracial love is illustrated by the relation between Black Leo and white Barbara. Leo's rise from 'rags to riches', his undisputed participation in the goals of the 'American Dream', constitutes one of several factors that establish the 'Trivialliteratur' genre of this novel. What is more, since the relation between Leo and Barbara takes the notion of an ideally harmonious affair, free of all problems, the novel demonstrates an illusionary world that rather negates the complexity of the earlier works. The narration is composed of a circular structure that seems to account for much of the stasis in the novel. For when Leo collapses on the stage in the opening of the book, tries to justify his life through various flashbacks and finally returns back to the stage, the reader feels that Leo made no progress whatsoever. He has not learned to step out of his role, to leave momentarily the illusionary world of the stage. Compared to the lives of Baldwin's other protagonists, Leo's represents a kind of existential modification, in which one's attitude towards the world is changed, whereas no attempt is being made to change the world in any way. The race conflict thus appears as something unalterable and invariable that might be transformed only by a love ethic.

<u>Tell Me How Long The Train's Been Gone</u> represents a dead end in Baldwin's development as a novelist. The final chapter contrasts this decline with the development of John A. Williams, another Black author, who seems to be writing for the Black middle class. This contrast reveals that Baldwin has exhausted his once powerful imagination and can no longer be considerad

a 'pure' Black writer. His exclusive cultivation of a white
readership pre-determines his writing to such an extent that
he moves more and more away from true portraiture of Black
life. Whereas most of the younger Black artists have turned
to seeking a Black audience Baldwin conceives the Black as
a symbol of universal marginal man whose 'Lebenswelt' is
inseparable from other minority groups. This new outlook
is apparent in his latest novel, <u>If Beale Street Could Talk</u>,
and also seems to underly his current novel-in-progress.
From the point of view of a Black aesthetic Baldwin has
become a universal minority writer, addressing the ruling
class whose sympathy and understanding he seeks to engage.

BOCHUMER ANGLISTISCHE STUDIEN

BOCHUM STUDIES IN ENGLISH

Lieferbar:

Band 1: *Ulrich Christoph Janiesch*
SATIRE UND POLITISCHER ROMAN. UNTERSUCHUNGEN ZUM ROMANWERK BENJAMIN DISRAELIS.
Amsterdam 1975. VI, 300 S.
ISBN 90 6032 055 7

Band 2: *Peter Bruck*
VON DER 'STORE FRONT CHURCH' ZUM 'AMERICAN DREAM' - JAMES BALDWIN UND DER AMERIKANISCHE RASSENKONFLIKT.
Amsterdam 1975. VIII, 147 S.
ISBN 90 6032 056 5

In Vorbereitung:

Erhard Reckwitz
DIE ROBINSONADE.

Die Reihe wird fortgesetzt.
Alle Bände sind einzeln lieferbar, jedoch nimmt der Verlag auch Fortsetzungs-Bestellungen entgegen.
Ausführlicher Prospekt mit Preisangabe wird auf Verlangen zugeschickt.

Verlag B.R.Grüner
P.O.Box 70020
Amsterdam - Holland